全球智库译丛 | 主编 马瑞映

英国智库与意见氛围

（英）安德鲁·德纳姆　（英）马克·加内特ー———— 著

马瑞映　田恺ー———— 译

陕西师范大学出版总社

图书代号：ZZ19N2057

©Andrew Denham and Mark Garnett,1998
This book is copyright under the Berne Convention.No reproduction without permission.All rights reserved.
First published in 1998 by UCL Press By Routledge, 11 New Fetter Lane, London EC4P 4EE.
Transferred to Digital Printing 2004.
The name of University College London(UCL) is a registered trade mark used by UCL Press with the consent of the owner.
British Library Cataloguing-in-Publication Data
A CIP catalogue record for this book is available from the British Library. Library of Congress Cataloging-in-Publication Data are available
Authorised translation from the English language edition published by Routledge, a member of the Taylor&Francis Group.
Copies of this book sold without a Taylor&Francis sticker on the cover are unauthorized and illegal.
All Rights Reserved.
陕版出图字：25-2020-070

图书在版编目（CIP）数据

英国智库与意见氛围 /（英）安德鲁·德纳姆，（英）马克·加内特著；马瑞映，田恺译. — 西安：陕西师范大学出版总社有限公司，2023.3
（全球智库译丛 / 马瑞映主编）
ISBN 978-7-5695-1313-4

Ⅰ. ①英… Ⅱ. ①安… ②马… ③马… ④田… Ⅲ. ①咨询机构—研究—英国 Ⅳ. ①C932.856.1

中国版本图书馆CIP数据核字（2019）第276260号

英国智库与意见氛围
YINGGUO ZHIKU YU YIJIAN FENWEI

（英）安德鲁·德纳姆 （英）马克·加内特 著
马瑞映 田 恺 译

出 版 人	刘东风
责任编辑	陈君明
责任校对	刘 定
封面设计	A Book-echo
出版发行	陕西师范大学出版总社
	（西安市长安南路199号 邮编710062）
网　　址	http://www.snupg.com
印　　刷	西安市建明工贸有限责任公司
开　　本	720mm×1020mm 1/16
印　　张	13.75
插　　页	2
字　　数	189千
版　　次	2023年3月第1版
印　　次	2023年3月第1次印刷
书　　号	ISBN 978-7-5695-1313-4
定　　价	68.00元

读者购书、书店添货或发现印装质量问题，请与本公司营销部联系、调换。
电话：(029) 85307864　85303629　传真：(029) 85303879

序

  智识实践是人类历史上经久不衰的话题，古今中外的社会科学学者都曾以时代特性为出发点，去分析思考知识分子在特定背景下的生存，以及自身群体价值的实现。中国古代"士"之形象的构建和阐释，便是其中一例。在全球现代化的今天，智识实践呈现出符合现代性特征的新形象，而智库便是现代社会智识实践的典型表达。其动态、结构、话语和运作方式都与现代社会相辅相成，却又体现出智识实践的价值追求，使古老的价值取向与现代化的实践模式达成了一定程度的统一，而其中的变化性与不确定性，涉及的政治与社会、政治与政策的关系问题，又是如此引人入胜，蕴含着社会科学研究分析的无限可能性。

  "全球智库译丛"即从智识实践出发，落脚于智库这一独特而具有现代性的智识现象，寻找全球智库专家对智库本质、特性、组织结构和实践模式的研究、分析、探讨和归纳，将其译介到国内，便于研究思想的吸收内化，以及学术和实践的切磋交流。无论在现实意义、学科意义还是理论意义上，本译丛所选专著的涵盖范围之广、涉及程度之深，都是屈指可数的。"全球智库译丛"的选题原则有三。

第一，把握时代需求，紧抓现实关怀。党的十八大以来，中国智库的建设取得了可观的成绩。从数量上来讲，中国智库总数仅次于美国，位居世界第二。从质量上来讲，中国社会科学院、中国国际问题研究院、天则经济研究所等顶尖智库被列入全球150强。智库的研究实践紧贴中国政治、经济、社会的关键问题，如"一带一路"、司法改革、"新常态"、新型城镇化、供给侧改革、绿色发展以及中国特色新兴智库建设本身等等，其产出的成果为政府的政策构建与实施做出了较大的贡献。然而从全球智库的历史与发展来看，中国的智库建设尚处于起步阶段，其组织架构、人才培养、成果呈现方式、社会影响等方面存在明显的不足，这意味着中国智库的研究效率和提出政策建议的能力尚有提升的空间。

针对中国智库所面临的种种问题，外国学者的研究专著可以提供有益的参考与别样的视角。"全球智库译丛"选取了意大利学者西尔维亚·梅尔内加齐的智库专著《当代中国智库再思考》（*Rethinking Think Tanks in Contemporary China*）。本书借鉴了中国政治学领域的相关研究成果，结合了官方文件、政策研究组织发布的出版物、第二轨道外交网络资料及已出版的有关智库及其在国际事务、全球治理和第二轨道外交中作用的文献，透过新的分析视角，将智库置于中国独特政治体制环境中来深入研究中国智库在国际上发挥的日益重要的作用，并给予新的阐释。本研究超越了以西方主导和以美国为中心的观点，回顾了中国智库的历史、社会与政治发展历程，并提供了有意义的定性实证研究，尤其关注两个不同的政策领域——经济外交和环境外交，为理解中国智库目前在外交决策制度方面的变化提供新的思考与感知。其与众不同的视角有利于中国智库反思自身，查缺补漏，向着功能更全面、结构更稳定、影响更鲜明的方向发展。

从全球化的视角来看，部分智库取得了辉煌的成就。各国智库虽具有鲜明的本国特征，其发展历程却也蕴含着某些普遍的规律。他山之石，可以攻玉。在中国特色新兴智库建设的起步阶段，我们有必要加深对全球其他国家智库的了解与认识，借鉴其成功之处，并将其转化为具有中国特色的智库实践。与此同时，智库的更新换代之快速，致使智库的发展在百年之内经历了至少三波浪潮，无数智库被时代淘汰，我们亦可以从中汲取宝贵的经验。从全球智库的发展中去芜存菁，提炼能为中国智库发展所用的规律、经验与价值取向，这是本译丛的初衷，亦是落脚点。简言之，当代智库的发展必须置于全球背景之下，智库间时时相互观照，切忌故步自封、停滞不前。

在这方面，任教于明尼苏达大学的历史学家杰森·斯塔尔撰写的《1945年以来美国保守主义智库的右倾政治文化》（*Right Moves: The Conservative Think Tank in American Political Culture Since 1945*）是一部具有启示意义的专著。本书梳理了1945年以来美国保守主义智库的发展历程，书中对传统基金会做了重点考察，探讨了以传统基金会为代表的倡议型智库的独立性悖论：传统基金会的纲领仍然强调独立性，但其在实践中与政府密切合作，同时借用媒体渠道向公众呈现出独立的侧面，这显得十分矛盾。斯塔尔这部专著从历史的角度考察智库的独立性问题，不仅是该问题领域最新的研究成果，也清晰地描绘出战后美国保守主义智库多样的发展路径，从侧面证明了智库发展与智库研究的动态性。

无独有偶，在大西洋彼岸的英国，安德鲁·德纳姆与马克·加内特也对战后英国的智库发展做了细致的分析研究。他们合著的《英国智库与意见氛围》（*British Think-tanks and the Climate of Opinion*）梳理了战后英国智库发展的三波浪潮，并且以各阶段具有标志性的智库为基点，生动地呈现了特定历史阶段的英国智库样态。此外，他们对智库政策影响力的分析与评估参考了丰富的文献材料，如内阁备忘录、议会辩论记录、重要首脑回忆录、智库内部备忘录等，充分、多向地印证增加了其分析和结论的可信度。

英美智库的发展路径与成败，对中国智库建设具有重要的借鉴意义。传统基金会在里根政府过渡时期发挥的重要作用，政策研究中心对撒切尔主义的塑造作用，都为中国智库在"一带一路"、供给侧改革、新型城镇化方面的功能、影响和实践提供了可贵的他山之石。

第二，拓宽研究维度，推进学科建设。从保罗·迪克森1971年出版《智库》（Think Tank）一书以来，智库研究仅仅发展了不到五十年，尚未形成固定的研究范式。各国的智库学者往往基于本国智库所处的政治社会环境进行分析，即如詹姆斯·麦甘这样进行全球智库研究、探求智库本质的学者，也还停留在具体问题具体分析的阶段。事实上，通过四十余年的智库研究，智库研究者们普遍承认不存在一般的智库研究范式，即智库的本质虽然相近，但在各自的环境中却呈现出不同的样态。然而，美国学者托马斯·梅德维茨在专著《美国智库》（Think Tanks in America）中引入社会学方法分析智库现象，为研究者们提供方法论的借鉴。"全球智库译丛"中的《旋转门游说》（Revolving Door Lobbying）另辟蹊径，试图通过更具实证性的方法来推导和反证作者的假设。书中以类型学的方法将智库从业人员分类，然后通过柱状图、点状图、曲线图等数学建模的方式整理归纳数据，得出了智库的兴盛与美国政治自身动态之间的联系，其方法是极具借鉴意义的。事实上，由于智库定位的模糊性，我们可以不囿于传统的政治学研究范畴，糅合哲学、社会学、传播学、经济学和政治学理论，构建专门针对智库的研究范式。

中国的智库研究起步晚于西方，始于20世纪80年代，其时以介绍性著作为主。进入21世纪之后，国内对国外智库的研究不再限于介绍性著作，而是趋向深入和专业化。学者们已然以智库的独立性、影响力等问题为导向，进行了大量的理论和案例研究。此外，国内学者也创办了《智库理论与实践》等专门学术期刊，以供智库学者切磋交流、各抒己见。综合而言，国内的智库研究呈现出百花齐放、欣欣向荣的局面，但我们同时也应具备更加开阔的学术视野和更加明确的学科意识，通过专著、译著、专论和刊物建设，发展具有中国特色的智库研究范式。通过对国外智库专著的译介，在交易成本、社交网络等经济学、社会学、传播学概念之外，我们可以在智库独立性和影响力问题的分析当中运用更为丰富的理论和更为多元的视角，这有助于为将来的智库研究者开阔思路，也有利于研究的多元化和对智库的全面认知，更有利于建设具有中国特色的智库研究范式。

第三，丰富理论来源，发展跨学科的研究视角。"全球智库译丛"着眼于全球范围内以智库为对象的社会科学研究，选取的研究成果在研究内容和研究方法上均具有广泛性，总体上涵盖了历史学、社会学、政治学、传播学、国际关系、公共政策等领域，问题意识也深深植根于现实关怀的维度。译丛综合考量了智库的独立性问题、影响力问题、运作问题，所选的智库专著在这些方面也多有涉及。

作为现代社会的一种智识组织，智库的雏形最早可以追溯到19世纪末，而该类型的组织首次真正的定型，却是在二战之后，相关的术语"think tank"的内涵更是到二十世纪六七十年代才得以明确。我们不难从中发现智库发展的动态性，即其组织结构、运作模式、影响力等等都与所处的社会环境和政治背景密切相关。美国智库专家詹姆斯·麦甘的新作《智库、外交政策与新兴大国》（*Think Tanks, Foreign Policy and the Emerging Powers*）着眼于全球智库的共性与特性，该书不再将目光局限于西方发达国家，而是以"智库网络"为核心概念，更多地关注发展中国家的智库实践，范围跨越亚非拉，在一定程度上扩大了智库研究的格局。该书通过翔实的数据和案例，对其进行分析，从侧面探讨了智库的独立性、影响力问题，为这些问题领域的理论发展奠定了坚实的实证基础。

霍华德·J.威亚尔达的《衰落中的大学》(*Universities in Decline*)则从个人经历出发，以回忆录的形式考察了大学的衰落与华盛顿智库发展之间的联系，揭示了政策影响力机构的发展转向现象。作者主要的分析对象包括美国企业研究所、战略与国际研究中心、国家军事学院等重要智库，以案例分析结合自身在各大高校和智库任职的经历，回溯了美国大学影响力之衰落，也展示了华盛顿智库政策影响力的崛起。

英德杰特·帕马的《外交政策中的智库与权力》(*Think Tanks and Power in Foreign Policy*)一书通过对缘起于1919年巴黎和会的美国智库——外交关系委员会（CFR）和英国智库——皇家国际事务学会（RIIA）在1939至1945年对各自国家的外交政策的制定和民众观点的塑造上所发挥作用和产生影响的比较研究，阐明了英美之间"特殊关系"的形成，在很大程度上是两个智库长期努力的结果。该研究利用了英美大量公共和私人机构的档案，未公开的两大智库重要人物的私人通信、会议纪要、内部讨论记录等原始材料，结合多元主义、法团主义、功能马克思主义等理论对美英两大智库进行实证性的研究，使我们对精英阶层通过智库在英美外交及战后世界格局的塑造中发挥的重要作用有清晰的认知。

管窥本译丛选取的智库专著，我们不难看出当代智库研究专业化程度的加深，社会学中的"场域理论"、政治学中的"意见氛围"等概念的引入以及现代传媒与智库形象构建的深度结合都为智库研究者们提供了大展身手的媒介，这也从侧面证明了作为一种智识机构和智识现象，智库本身所具有的分析可能性之多。本译丛牢牢把握智库研究的多样性，广泛取材，力图从多角度去反映智库的话语构建、组织架构、独立性等侧面，为读者提供一种宏观与微观兼具的智库认知体系。

"全球智库译丛"在立项到付诸实践的过程中受到了多方帮助，在此首先感谢陕西师范大学"一带一路"文化研究院甘晖院长的支持，在译著目标的选取、方案的制定和具体实施上提出了很多宝贵建议。其次要感谢陕西师范大学出版总社及刘东风社长，在版权合同谈判方面和翻译过程中解决了各种困难，不遗余力地为译者提供帮助。在翻译过程中，编辑刘定老师与本译丛的编者和译者积极沟通，适时解决译文、注释、排版方面的问题，保证了翻译过程的顺畅与高效。最后要感谢在译丛由萌芽到结果的过程中在工作和生活上支持译者的老师、家人和朋友，是你们的爱与鼓励为这套译丛注入了源源不断的力量。

　　本译丛参与者众，故文字风格无法完全统一；作为非英语母语译者，翻译过程中肯定有未完善之处，唯望广大读者不吝批评指正，以便后续的修改再版。

马瑞映于陕西师范大学教授工作室
2019年11月18日

前　言

　　智库的规模和数量一直在发展扩大，在撒切尔夫人执政期间收获了足够的关注之后，它们的增长尤为明显。在这一时期，无论好坏，政府的政策和战略都离不开智库的影响。然而，就智库的作用或影响，以及他们与压力集团、政党和政策制定者之间的关系而言，系统性的研究却相对较少。我们仍旧无法对"智库到底有影响吗？"这一问题给出确切回答——智库当然宣称自己有影响，而他们的资金和形象也往往有赖于这种影响。但要验证这个说法却是很难的。过去二十年间，如果没有智库，政策方向和政策内容是否会大为不同？这或许是个错误的提问。有些人认为智库的真正重要性在于意识形态，他们作为意识形态商人而行动，不是作为现存"观念氛围"（climate of ideas）的维护者，就是作为新氛围的催化剂。

　　安德鲁·德纳姆和马克·加内特为英国智库描绘了一幅非常有趣的历史和组织图景，并以此消除了若干误解。智库形态各异，规模不同；该术语源于美国，在英国首次应用是称呼中央政策评议处（Central Policy Review Staff, CPRS）。然而CPRS却并非一个良好的例子，因为美国的智库关注的是立竿见影的研究，以及能直接影响政策进程的调查和报告；相对于压力集团和政党，美国智库有着相当的独立性；其客观性和所站立场在某种程度上源自这些智库能够有效利用相应的学术知识和技能。德纳姆和加内特做了令人信服的展示，证明这种意义上的智库在英国早已存在——费边社和政治经济计划署便是两例——但两人同样承认，智库这一术语不应局限于这一类型。他们对不同类型的智库进行划分，例如合同型研究机构和他们所称的"倡议型智库"（advocacy tanks）。

英美两国的智库数量，远胜世界上其他国家。然而两国之间作比的话，美国智库的规模和数量又大大胜出。之所以如此，有几个原因。德纳姆和加内特提到了英国政党的凝聚性，美国的大规模私人研究资金，以及英国的终身公民服务从不过度依赖政策建议这种外部来源。尽管难以与美国同行相媲美，但英国智库在过去二十年间的政策进程中还是愈发重要了。

一种解释称，智库的发展与重要性的增加是一个政治现象。20世纪80年代，英国的自由市场智库在政治精英之中发挥了重要作用，证明了他们核心观点的合理性，而这些观点构成了撒切尔改革的基础。这种解释围绕着一个令人捉摸不透的观念：意见氛围。从戴雪（Dicey）到格林利夫（Greenleaf），一种坚定的推断一直存在，即意见氛围非常重要；而那些成为支配性观念的，如个人主义或集体主义，决定了政策的可实行范围，也形成了政策参与者的观点和基本假设。要确定这种联系，难度极大；而鉴于潜在庞大数量的相关数据，要描述意见氛围的特征也是一项艰巨的任务。然而，不可否认的是，许多撒切尔改革的参与者将改变意见氛围视为最根本的任务之一。

智库的未来如何？社会科学家正关注这一问题，并赋予了比较分析以可能性，比较的对象是不同政治体制下提出政策建议的方式，以及立场自由、相对独立的机构能起到多大程度的作用。智库和压力集团之间的分野往往不易辨认，尤其是倡议型智库，像亚当·斯密研究所这样的机构。许多机构类型，包括工会和跨国公司,在内部都有自己的研究部门,这些部门既可以提供总体思想,也可协助具体的游说活动。还有一个有意思的问题,即将来智库与大学间的关系。大学越来越融入经济生活,在区域、国家和全球层面皆是如此,并且大学中不断建立的研究机构也参与合同型研究和政策相关研究,同时也做快餐式研究。一种前景是:智库的作用是开发大学无法提供的新的研究之道,而智库最终会被大学吸收。另一个截然不同的前景是:智库的快速发展预示着大学在将来的政策建议市场中的份额将减少,大学将成为信息革命的受害者,而智库因其灵活性和创新能力,将从中大受其益。

智库的英雄时代或许已尽,然而对其在政策建议市场以及总体政治进程中的作用的研究,却更有可能增加而非缩水。撒切尔时期的重点是理解网络的重要性,该网络提供的观念和假设塑造了精英们看待世界的方式,也构建了被认作常识的论述话语。在这些网络中,不同形态的智库起了至关重要的作用。本书对这种作用进行了颇有价值的探究。

安德鲁·甘布尔(Andrew Gamble)
谢菲尔德大学政治经济研究中心
1998年4月

目　录

导　言：20世纪的英国智库和意见氛围 ／001

第一章　政治经济计划署 ／020

第二章　国家经济与社会研究所 ／051

第三章　经济事务学会 ／073

第四章　政策研究中心 ／103

第五章　亚当·斯密研究所 ／136

第六章　新右翼之后 ／157

第七章　结论：智库、政治与民主 ／170

参考文献 ／185

致　谢　／202

导言：20世纪的英国智库和意见氛围

  学术界对智库的兴趣日渐浓厚，然而学术研究并未赶上智库在大西洋两岸的崛起和盛极之时。美国的文献比英国的充足得多，依旧占据着智库话题上的国际话语权；即便如此，二十世纪七八十年代的政治学主要期刊上也只出现了一篇关于智库的文章。而美国政治学标准教科书上也很少提及智库。

  英国的情况与美国不同：至少自1979年起，经济事务学会（Institute of Economic Affairs，IEA）、政策研究中心（Centre for Policy Studies，CPS）和亚当·斯密研究所（Adam Smith Institute，ASI）等组织就已被大多数英国政治辩论提及。然而，对这些团体的引用很少伴有相应的分析；他们的影响力已被承认，却未得到深入研究。1994年出现了一本被大力宣传的著作——理查德·科克特（Richard Cockett）的《思考不可能》（*Thinking the Unthinkable*），书里叙述了几家智库的故事，但它并未对其在20世纪的发展做出系统的论述。自科克特的著作以后，重大的变化悄然发生，对英国智库的宣传报道力度也远胜从前。每当独立机构在媒体上发布成果，他们几乎总是被贴上"智库"的标签，而英国纸媒几乎每天都要以摘要的形式刊登这些成果。显然，这个引人注目的现象还有更大的研究空间；目前的研究力度是在尝试弥补现有文献的不足之处。虽然科克特在书中探讨的智库（他们通常被归为新右翼智库）已得到一定的关注，我们仍要扩大研究范围，将20世纪早些时候建立的组织团体囊括在内，唯愿借此为英国智库的起源和发展，提供总体性结论的基础。

智库是美国的现象吗？

对于英国智库的学术研究相对较少，这背后似乎有三个主要原因。首先，这些组织团体被广泛认定为主要是美国的现象，甚至是美国独有。实际上，一位美国历史学家如此描述智库："典型的美国计划和倡议机构"，在国家正式政治进程的边缘运作着（Smith 1991：xiii；our emphasis）。事实上，最新研究表明，只有美国智库是"美国典型"，其他国家的智库在某种程度上背弃了美国模式的影响，它们适应了不同的国家环境（Stone，Denham and Garnett，forthcoming）。然而，美国智库发展的规模确实独一无二。1991年，估计有超过1000家私营的非营利性研究机构在美国运营，其中约有100家以华盛顿特区及其周边为基地；更新的计算将总体数量增至约1500家（Hellebust，1996；Smith 1991：xiv）。相对而言，在20世纪80年代，其他的西方民主国家的智库只有一手之数，尽管许多国家的智库数量都在快速增加，但是美国的智库还是比其他地方要多得多。其次，美国智库的资金状况要比英国智库好一些，人员数量上亦如此（见表1）。

表1　英美智库对比

机构名称	成立年份	所在地	研究员人数	预算（百万美元）
兰德公司	1946	圣莫尼卡，加州	950	50—100
布鲁金斯学会	1916	华盛顿特区	220	超过10
城市研究所	1968	华盛顿特区	220	超过10
美国企业研究所	1943	华盛顿特区	125	超过10
传统基金会	1973	华盛顿特区	100	超过10
政策研究所（前政治经济计划署）	1931	伦敦	54	6.5
国家经济与社会研究所	1938	伦敦	43	2.9
经济事务学会	1955	伦敦	19	2.4
政策研究中心	1974	伦敦	4	0.8
亚当·斯密研究所	1977	伦敦	7	0.5

数据来源：海勒布斯特（1996）；年度报告；个人信息。表中数据皆为写作本书时可用的最新数据。对于一家机构聘用全职和兼职研究员的情况，总体数据做了相应调整。

要解释美国智库发展的独特规模，就要看到其政治体制的"例外性"特征。人们认为智库"因其生长的政治土壤和肥料而繁荣"（Hennessy and Coates 1991:5）。美国的情况反映了其"基本政治现实"，即美国的宪法分权，这种政党制度在历史上基于选举和政治抱负，而非意识形态和"给予万千政治任命以余地的公民服务传统"（Smith 1991：xv）。布鲁金斯学会（Brookings Institution）的肯特·韦弗（Kent Weaver）曾将美国智库描述为"政策商人"（policy entrepreneurs），他们在一个特殊的政治体制中运作，该体制的特征是"总统和国会分权，政党弱小而意识形态相对不明显，以及行政精英的可渗透性"（Weaver 1989；570）。这类机构在美国的土壤中成长并持续繁荣，其发展程度是其他地区闻所未闻的，原因便是他们填补了美国政治结构中的空隙。美国政治体制的碎片化创造了一片真空，这片真空因宪法对行政和立法权的分离而产生。国会不会机械地通过总统的计划，它同样有起草法案的职责。国会和总统之位由不同政党把控时——而这正是近些年来的现实——独立行动和冲突的可能性便增加了，创造出政策分析和建议的各种受众群体（Weiss 1992:6）。这种情况在英国不可能出现，因为尽管个人享有引介自己法案的机会，但该法案在政府决定的议会计划中通过的可能性微乎其微。上议院委员会的标准通常极高，但不像拥有极大权力的美国参议院，自1911年《议会法案》以来，英国上议院一直处于衰退之中。

美国的体制同样使政党无力干涉立法。与英国相比，美国的政党衰退主要体现在每届国会的初期，体现在议院组织问题上。在那之后，每位议员都要承受利益集团及其成员的压力，但他们基本上还是能根据自己的政策立场做出决定。政党本身并未花费大力气去开发政策，也没有多少资源来处置这些人，尽管他们试图这么做。竞选资金改革限制了美国政党为此筹款的能力，他们没多少资源分给每位候选人，也无法以此重获从前的支持。由于上述原因，美国的政治家个体有强烈的动机去咨询外面的政策顾问。

对于外界来说，美国的行政精英们也格外"容易渗透"。尽管智库有所发展，英国的公务员还是通过选拔考试从绝大多数有意之人中遴选人才，与英国不同，美国的公务传统更偏爱政治任命，而受命之人中有很大比例都是之前与决策者合作过的智库成员。近些年来，政治任命的数量有增无减：

> 自尼克松任总统以来，联邦政府部门中的政治任命官员越来越多。受命者曾经只担任部长办公室一级的职位，（但是）如今他们同样渗透到了下面两三层的位置。政治任命的不断渗透削弱了公务员的立场，降低了他们的影响力——或许还有他们的动力。部长一级的官员更有可能寻求其他受命者的建议，而非职业官员的。（Weiss 1992:7—8）

魏斯认为，美国智库用"理性""逻辑""证据"和"专业知识"的思想来处理政策问题，而这些思想"对美国人的思维意识来说尤其具有吸引力"（Weiss

1992:8）。这一概括似乎与英国人是"业余爱好者崇拜"（cult of the amateur）之信徒并且天生不信任任何"专家"的观念一样具有广泛影响。然而，这两种说法都有足够正确之处，能够解释两国之中智库历程的重要差异。

美国"例外主义"的最后一个要素是，尽管英国也有类似的免税捐助规定，但在美国，支持智库活动的私人资金却非常充足（James 1993:492）。英、美智库预算的差异，大致上是由于美国的企业、基金会和个人向私营研究机构提供捐助的传统更强。1991年，美国的数千家基金会共有1500亿美元资产；其他国家均没有如此丰富的资源供智库取用（Stone 1996:45）。在第二章、第三章中，我们讨论了在英国建立一个研究机构的倡议，其规模堪比庞大的美国布鲁学会；部分由美国资助。这一计划或许导致了在英国建立大规模智库的筹款活动，但它最终在1979年被玛格丽特·撒切尔否决了（Donoughue 1987:125–127）。

定义问题

上述因素说明了最大的智库出现在美国而非英国的原因，也说明了为什么美国智库的数量如此之多，然而，英国的环境和气氛显然也没有阻止智库的出现。如我们所见，即使在美国，与智库相关学术文献的发展也相对缓慢。对此，一个可能的解释是很难对"智库"建立一个确切定义（Ricci 1993:21）。这在英国也是一样。实际上，对于智库本质和作用的困惑不止存在于学术解释者之间，"有时，这些机构的管理者、理事和研究者们也有同样的困惑"（Weaver 1989:564）。

"智库"这一术语借意于二战的军事术语，本意是指讨论计划和战略的安全室，该术语在20世纪50年代间第一次被用来指代"合同型研究组织"（contract research organization，见后文），如美军在二战后建立的兰德公司（Rand Corporation, Dickson 1971; Smith 1991）。20世纪60年代，这一术语进入美国大众话语和政治论述，但"智库"仍是不确切的概念，它也可以确实指代着涵盖极广（且越来越多样）的私营研究团体（Smith 1991：xiii-xiv）。黑姆斯和费齐（Hames and Feasey）曾提出一种广义的定义，即智库是"有着充分组织自主权的非营利性公共政策研究机构"，但他们也承认这"几乎没有揭示这些存在的特征和本质"（Hames and Feasey 1994:216）。

实际上，至少在一种意义上，与美国相比，智库的定义问题在英国语境中要更为复杂（Denham and Garnett 1996）。这是因为术语"智库"在英国的首次使用，是指代中央政策评议处（Central Policy Review Staff, CPRS），该处于1970年1月由时任保守党首相爱德华·希思（Edward Heath）在内阁办公室建立，是一个"中央人才小组"。小组成员主要是聪慧过人的大学毕业生，由（维克托）罗思柴尔德爵士（Lord Victor Rothschild）领导，旨在帮助政府跨部门地协调政策，并且促进更加长远的思考；用建立者希思的话说，该小组的主要目标是确保"政府策略能被不断检视和有规律地报道"（Heath and Barker 1978:382）。小组得到了非比寻常的宣传，这部分是因为罗思柴尔德丰富的个性，也因为它是希思推动更加专业化的方式，以应对日益复杂的行政任务的一大要素。即使在1983年被撒切尔废止之后，在公众的认知中，中央政策评议处依然是"智库"。中央政策评议处吸引注意的能力直接导致了其没落；其于1982年流出了一份针对福利国家的激进报告，使正为人们"思考不可能"而兴高采烈的政府陷入了极度的尴尬，本来这种推测结果不是被雪藏，就是由离白厅有一定距离的团体发布的。中央政策评议处还倡议抵制将就职的增值税增加几乎一倍，这同样惹恼了政府；但最终这恼怒没有爆发，因为中央政策评议处是错的（Hennessy, Morrison and Townsend 1985; James 1986; Blackstone and Plowden 1988）。

因此，在过去二十五年的大部分时间内，"智库"在英国通常与中央政府内部的那一个"政策计划和研究小组"同义（Prince 1983）。然而随着80年代的发展，该术语获得了一层不同的含义，与美国的用法相近；它被越来越多地用于政府之外的、意识形态色彩浓厚的自由市场机构（他们的结论也因此"可被否决"），这些机构支持玛格丽特·撒切尔使公共政策脱离战后"共识"的改革。那时的术语"智库"好似时光倒流，重新代指另外一些机构，如费边社（Fabian Society）这种在全盛期从未被称为智库的组织。

此处与阿伦·威尔达夫斯基（Aaron Wildavsky）的观察结果相似，即术语"政策分析"描述的活动涵盖太广，单一的定义无法将其囊括。他认为没有比"徒劳地寻找亚里士多德式的实质"更"没有意义"的了（Wildavsky 1979：15，410）。在"政策分析"语境中，对我们来说，似乎以智库之名为人所知的"政策分析组织"（Weiss 1992）也是如此。我们在此利用他人的启发性成果，将智库从结构和功能都类似的其他组织中区分出来，而非继续探寻智库的"实质"。

美国学者韦弗对此做了有益的尝试，他确认并区分了三种智库范畴："没有学生的大学""合同型研究机构"和"倡议型智库"（Weaver 1989）。第一种范畴描述的是有着数量庞大的研究人员的大型机构，他们主要从事以著作形式呈现的研究。这些机构与大学的不同至少体现在两方面。首先，工作人员无须像（大多数）全职学者那样给学生上课。其次，他们探查的主题领域的政策倾向性更强，而大学院系的研究和分析通常"更具学术性、理论性，更难被大众所消化"（Stone 1991：201）。正如韦弗所解释的，上述两类组织的研究产出往往是不同的，其主要原因有二：

> 首先，大学中的研究者的动机不同：与对学科的理论贡献相比，对于现实政策问题和政策进程的兴趣往往不受鼓励。而在智库中却正相反。其次，智库中人比大学研究者更可能接触到政策活动家和其他政策研究者。由于这两个原因，"没有学生的大学"更可能产出适应当下政策辩论的研究成果。这种研究同样可能采取不同的形式——著作和小册子的可能性比学术期刊文

章更大。研究更有可能包含关于现行政策修改方式的结论，尽管这些结论是由最后一章的研究者们不情愿地添加的。（Weaver 1989：566）

该范畴的智库，战线拉得很长，他们聚焦于影响意见。他们的资金来源多种多样，包括企业、基金会和个人资助，经济来源的多样化是为了降低因某个研究成果被客户抵制而产生的风险（Ricci 1993：20）。该范畴内美国研究机构的数量很少，其成员研究的政策问题方向和范围也大为不同。符合该模型的美国智库包括布鲁金斯学会（Brookings Institution）和美国企业公共政策研究所（American Enterprise Institute for Public Policy Research，AEI）。一位布鲁金斯学会内部人员曾如此描述学会的理念和文化："像是一所大学，只是学生都不见了，而教授们都在狂热地追赶研究进度。"（Rivlin 1992：22—23）英、美智库在资源方面的差异，意味着英国没有可与布鲁金斯和美国企业公共政策研究所比拟的智库，即便许多老牌机构都期望符合这种"理想"模型；而在某些情况下，像政策研究院（Policy Studies Institute，PSI）和经济事务学会（Institute of Economic Affairs IEA）等英国智库中的工作人员会获得与大学相似的职位。

第二类智库是合同型研究机构。如其名所示，这些机构以合同为基础，应要求在各领域进行研究，以此为政府部门或私人资助者提供服务。就没有学生的大学（或者说大学本身）的部分而言，任何对"客观性"的宣称都将引发难题，而在合同型研究机构中，该问题却更为清晰，因为其对于研究主题的选择受客户偏好的强烈影响（并且，如果他们的结论与客户的利益背道而驰，将来的研究合同就要落到竞争对手手中）。许多合同型研究机构与特定部门的关系尤为密切：例如兰德公司就与美国国防部密切合作（也从国防部获取核心资金）。

然而，虽然没有学生的大学和合同型研究机构之间有很大差异，但这两个范畴往往仍有交叠之处。例如20世纪80年代，通过改变里根政府国内政策的重心，城市研究所（Urban Institute）赢取了大量关注。其研究成果分了几卷发表，展现出没有学生的大学研究辛苦而仔细的特点。由于那时的城市研究所依赖于联邦政府获取大部分资源,故韦弗将其归类于合同型研究机构(Weaver 1989:566-567)。英国有几家智库符合合同型研究机构的模式;本书中涉及的包括政治经济计划署(Political and Economic Planning PEP,后来的PSI)以及国家经济和社会研究所(National Institute for Economic and Social Research,NIESR)(分别见一、二章)。他们的特点是研究质量高,但其选择研究题目的能力受资金的影响很大。

第三,韦弗提出近些年来,一种与众不同的新智库模式发展起来,与没有学生的大学和合同型研究机构并驾齐驱。这类智库之间虽然差异很大,但他们却都被贴上了倡议型智库的标签。本书提到的主要有政策研究中心(Centre for Policy Studies,CPS)和亚当·斯密研究所(ASI)(见于第四、五、六章)(Weaver 1989:567)。这些机构将强烈的政策、政党或意识形态观点与积极的推销策略(或直接自行出版,或通过媒体)结合起来,尝试着影响时下的政策辩论。倡议型智库通常并不进行原创研究,而是对现有的研究进行整合或延伸。他们呈现成果的典型形式是小册子和文章,而非书籍和专著。没有学生的大学与学术机构有几分相似,同样地,你也很难将倡议型智库与压力集团区分开来,因为二者的原始动机都是引起政策方面的变化。而两者之间的显著差异在于,倡议型智库运作的政策领域更广(虽说它还是有重点的),而压力集团的竞选活动通常围绕着特定领域的问题。然而,随着宣称自己是智库的机构数量和种类越来越多,即使这一区别也变得有限了(Denham and Garnett 1996)。

美国的倡议型智库典型包括传统基金会(Heritage Foundation)和政策研究所(Institute for Policy Studies)。尤其是传统基金会,该智库早已承认其原始目标便是倡议而非学术研究。在雇主们的提议下,传统基金会的成员们达成共识:他们并非一家"学术"机构,而是"致力于某些信念"的组织(Smith 1991:205-206)。而不论倡议型智库多么缺乏真正的学术性,他们都能以与政策制定者的亲密关系来弥补。举个例子,传统基金会的"目标是使政策问题文章足够简短，使其在国家机场到国会山的行车途中便可阅读完毕，（并且）将这些文章亲手送到国会办公室和其他重要的权力中心"（Weaver 1989：567）。其他类型的研究所可以从站得住脚的研究中攫取学术声誉，这使得他们的成果无论何时都很难被媒体和政策制定者忽视。而与之不同的是，倡议型智库的命运却变幻莫测，在政治世界中，他们试图影响的事情，最终却由不得他们掌控。

就组织的目标来说，上述三类智库的模式有一定用处，相对合理，却也经不起推敲。韦弗自己也承认："三种模式中都存在着固有的矛盾。"（Weaver 1989：563）尽管从分析层面上讲，上述三种范畴都特点鲜明、清晰无比，但现实却复杂许多。例如，本书中提到经济事务学会（Institute of Economic Affairs）（见第三章），在这几种范畴框架中就很难定位；但它却是知名度最高的英国智库之一。事实上，个体智库的目标和活动是多种多样的。黑姆斯和费齐指出：传统基金会虽然主要是倡议型智库，却也发表了"一些与没有学生的大学口味相近的重要研究成果"。（Hames and Feasey 1994：217）美国学者曾总结：与家庭、军队、教会或工业集团不同，智库没有一般性的形式。反之，该术语被用来指代"目标会根据时间而变化，且研究者只会暂时为了个人便利而与他人协作"的机构（Ricci 1993：21）。这对本书有重要意义；尤其是这意味着在评估智库的表现时，必须考虑到各种机构类型的不同本质（以及不断变化的政治背景）。

问题更进一步便是，虽然许多被认作智库的团体不喜欢这一称呼，但另一些机构（尤其是规模较小的）却频频以此给自己贴金。被视为真正智库的机构认为这一术语太过狭隘而令人困惑，甚至是对他们的贬低，因为该术语听上去过于消极，有无所成就之含义（只是一个思考本身即为目的的地方，不管这种思考对政策和大事有何影响），并且使人困惑于这些组织的目标（Dickson 1971：28）。布鲁金斯学会成员曾看不起"智库"这一"略带贬义"的称呼，而他们如今却和其他人一样自如地使用（Rivlin 1992：22）。同时，另一方面，"智库"这一术语带有明确无误的声誉（尤其对媒体评论员来说），而这声誉有时是其不应得的，政治学家们应当提防着，不能不假思索地赋予其此等褒扬（Denham and Garnett 1995）。

玛格丽特·撒切尔最近表示，她在70年代中期协助建立的政策研究中心（CPS）"不适合被称作一家智库，因为它没有像美国的智库那样受到公司和基金会的大力支持"（Thatcher 1995：252）。这句话是撒切尔的自谦之辞，但如果遵循它的话，只会让对这些集团的研究更为混乱。这段话的含义是只有当一家机构有一定人员数量或大笔预算的时候，它才有资格被称为智库，但本书的观点却是应以其功能为相应标准。我们应当重新诠释撒切尔夫人的话，解读出政策研究中心不适合归入没有学生的大学这一智库范畴的含义。事实上，政策研究中心是一家典型的倡议型智库。威廉·华莱士（William Wallace）最近提出：在20世纪70年代与经济事务学会一同崛起的新右翼智库，"规模小、充满热忱且只关心为即将被说服的人提供见解"（Wallace 1994：149）。例如，政策研究中心成员早在1974年就"已经致力于新市场经济学和货币主义"，并仅仅试图改变其他人的观念（Cockett 1994：239）。基于本研究的目标，韦弗的三个范畴被用作划分智库的工具，既用于智库之间，也与不属于智库的类似机构区分。然而如上所述，使用该工具时仍需有所保留。经济事务学会或许不能完全符合一种范畴，但他与两种范畴（没有学生的大学和倡议型智库）都有共同之处，便于我们将这个充满魅力的机构囊括在内。我们将在第六章和结论部分讨论如何定义最近兴起的智库的问题。我们将会看到（正如在美国发生的），英国智库的特征逐渐发生了历史转型，转向更为政党化的倡议型智库。

智库的作用是什么？

为智库进行确切定义的难题，就是缺乏对其活动的学术分析的第二个原因。

用研究能力和影响政策的欲念来划分智库和其他机构，这种方法往往是存疑的，在大西洋的两岸都是如此。智库的确切定义或许终将难以敲定，而那些常被称作智库的团体的作用也带来了一些问题。华莱士（1994：142—143）曾指出：所有这些机构在各种程度上要实现的功能包括：

1. 对于政策问题的知识性分析，用历史、社会科学、法学甚至数学方法来解决政府相关问题；

2. 关注构成政策基础的思想和概念，考察并质疑塑造日常政策制定的传统观念；

3. 将政策相关信息收集并归类，这些信息从详尽的研究到他人可引用的新闻报道和文档；

4. 以比政策制定者更长远的眼光看待趋势，而非即时的事件；

5. 与政府和时下的政党政治辩论有一定程度的分离；

6. 一定程度上对政府的参与——不管是通过出版物和影响政策辩论来间接参与，还是直接参加与大臣或官员的讨论；

7. 致力于教化更广大的群众——通过出版书籍、发表文章，也通过会议或讨论，招徕更广大而多样的群体，达成政府或学术社团难以独力实现的效果。

华莱士列出的清单提供了智库表现的总体评估体系，却也强调因具体情况的变化而异，因为智库各自的目标并不一致。我们将看到，大多数叫作智库的机构都缺乏整个清单所代表的理念，只是缺乏的方式不同；虽然本书研究的前两家机构（PEP/PSI和NIESR）几乎符合清单中的所有要点，但最近成立的一些倡议型智库似乎只符合第三点和第六点的要求（尤见第七章）。中央政策参议小组的例子是对华莱士标准的进一步反映；它是专门为了满足第四点而建立的，但由于它处于白厅内部，所以很难符合第五点，更不可能满足第七点（除非通过不经意的泄密）。简言之，中央政策参议小组落到了智库和公民服务机构之间的灰色地带；我们无法详尽地探讨其工作，因为相关文档并未解密。同样的限制也在唐宁街政策小组（Downing Street Policy Unit）身上出现，该团体由哈罗德·威尔逊（Harold Wilso）成立于1974年，专门为首相做顾问工作，并且在某些方面取代了早些时候的机构——虽然比起中央政策参议小组，该团体更明显地定位于公民服务机构一侧，参与"日常决策"的程度更深（Willetts 1987：445）。

虽然提供一份有说服力的清单来规范智库结构和功能有诸多问题，但不管强调程度如何，所有智库似乎都寻求两个主要目标。第一个目标是在政治活动家经营的范围内影响"意见氛围"。这一短语因其简洁性而有很大吸引力，并且常被智库用来描述他们所做之事，但随着我们在每章的讨论，它将变为一种高度复杂的现象。F.A.哈耶克（F.A.Hayek）在其1949年的文章中对意见氛围做了一个有趣的定义：他认为它"在本质上是一套概括性的预设，而知识分子借此判定新的事实和意见的重要性"（Hayek 1967：185）。在20世纪初的一篇文章中，A.V.戴雪（A.V.Dicey）提到"信仰、信念、情绪、公认的原则或根深蒂固的偏见组成的团体"构成了特定时期的"意见主流"（dominant current of opinion）。戴雪相信：这一潮流"直接或间接地决定了立法进程"，而主流意见起初是由才华横溢的个人提出并阐释的。一群"新信仰的倡导者"（apostles of a new faith）涌现出来；这些狂热分子最终"造就了一种印象，不是直接站在广大公众之中，便是作为显要人物，如政治领袖，在这位置上影响普通民众并因此获取国家的支持"。与此同时，戴雪也承认："公众意见本身与其说是理性或论证的产物，不如说是人们所处环境氛围的结果。"他还写到了意见逆流的重要资质，这逆流与主流共存，并且若假以时日，或许会翻身做主（Dicey 1905：20—27）。更近一些的丹尼斯·卡瓦纳夫（Dennis Kavanagh）写道：意见氛围"比常说的'政治观念'或'公共意见'所含更广"；然而即使这样谨慎的论述也很难确切阐释出意见氛围到底是什么（Kavanagh 1987：17）。在本书的每一章中，我们都将探讨意见氛围或意见主流；此处应当提到：智库不是设法充分利用他们认为有利的氛围，便是改变他们认为不利的氛围——并且他们对未来的观念和相应氛围的影响都将与戴雪和哈耶克的描述相符。

智库的第二个目标是通过与军警、政府大臣或官员的联系，更直观地向公众呈现政策决定（Denham and Gernett 1996）。这一目标与第一个目标的差异看上去很小，因为两个目标的意图都是立法，而根据戴雪和哈耶克的设想，在民主社会中，如果公众支持度很高（虽然此定义颇为模糊），那么只能通过相对持久的基础来实现目标。但两个目标之间也有一处重要差异：在第一个目标中，政策的实施是对公共需求的回应；而第二个目标更为简捷，即至少在理论上，即使公众不喜欢某一观念，信服于智库观点的选举政府也可以实行立法，然后静静观察选民对实际政策做何反应。简言之，这种方法有赖于立法对意见的影响，而非意见对立法的广泛影响。在一篇鲜为人所注意的文章中，戴雪写道："实际上，法律的影响不在于其直接结果，而在于其对公众情绪或信念的影响。"（Dicey 1914：42）作为20世纪英国的规则，使公众默认现有的政策，比劝说他们要求改革要容易得多。智库的第二个目标提出了关于民主政府本质的关键问题，这是值得赞赏的，而这些问题与第一个目标并无瓜葛。

迄今为止，关于智库的学术文献都未能解决上面两个目标实现程度的问题。在英国，由于近些年来新右翼团体的主张与利益，这项任务变得愈发紧迫（Denham and Garnett 1995）。而此处的问题还是极为难以达成的精确性。这是因为智库是与观念打交道的，而观念的传播和影响却无法得到令人满意的衡量。里奇提出：这实际上导致从学术视角看去，智库是一个令人沮丧的主题：

> 政治学家的兴趣在于权力及其拥有者，这涉及领袖、政党、官僚和其他能够用自身意志影响他人的华盛顿参政者。因此，政治学家们想要了解智库能运用多大的权力。但由于智库界的硬通货是观念意见，所以无法衡量他

们能运用的权力。如此,根据学术研究的标准,智库的重要性是不确定的。
(Ricci 1993:208—209)

这种悲观情绪更加明显地适用于在意见氛围中评估智库的影响,因为与意见相关的证据本身通常就是激烈争论的主题。还有一个问题就是我们很难确切地知道谁的意见才是有问题的;"意见氛围"一词指的是全体选民的思考,多数选民的思考,多数"思考的"选民(或许指的是哈耶克口中的知识分子),还是仅仅是为数不多的政策制定者、新闻工作者和学者的思考?毕竟后者可以将私人对话误认为全国性的对谈。换言之,考察智库和公共政策之间的关系时,我们至少可以就已知的成果展开工作——比如政府立法;而当探究智库和意见之间的联系时,相关的成果却疑问颇多。然而假如社会科学家保持着相对怀疑的观点,这种悲观主义便忽视了他们在联合领域(如对于投票行为的研究)做出的有益工作。即便如此,该主题引发的方法论难题依然是令人气馁的,并且进一步构成了英、美政治学家缺乏对这些团体的分析的原因(Stone 1991:199)。我们承认,坚实的结论似乎比适当的判定更吸引眼球,但在智库的影响问题上,准确性的优先级才是最高的。

一种封闭的政府体制?

正如我们在本章中看到的,人们广泛认为美国智库有现成的选民来支持他们在官僚体系和国会中的活动,这部分是因为美国政党制度的软弱。人们认为,议会制和总统制之间的重要差别为智库提供了影响政策的不同机会。美国政治体制被描述为"开放、可渗透和充满竞争"的,而英国议会制被描述为"孤立、封闭和官僚化"的,这使得人们设想,与美国相比,在英国和澳大利亚这样的国家,智库影响政策的机会更少(Stone 1991:199—200,209)。黑姆斯和费齐提出:

比起议会制模式，美国政治体制对外部的"专家"更为有利（Hames and Feasey 1994:224）。詹姆斯也指出：英国的政策制定体制"极为封闭，决策只由大臣、官员和偶尔的有特权的外部人士私下制定"。他认为即使对白厅成员来说，政策制定也不是确定的；向"封闭的体制"投喂观念的外部势力，如智库，必须做好迎接高失败率的准备（James 1993：504）。

然而反过来看，我们可以说试图影响政策或意见的美国智库面临着严重的阻碍，这恰恰是因为美国政治体制过于充满竞争性和"可渗透性"。魏斯指出：美国政策游戏中的玩家不计其数（Weiss 1992：7）。为了劝说政府行政和立法部门的政策制定者接受某一政策，或采纳某种政策议程，美国智库不仅要彼此竞争，而且要与大量政策游说者一争高下（Hames and Feasey 1994：219）。英国智库——虽然最近发展势头颇盛——数量依旧稀少，并且正如其目标受众一般，其政治参与者相对较少且依稀可辨，这些人与智库一样位于包含威斯敏斯特、白厅、伦敦市区和舰队街在内的方圆三四公里之内。简言之，英国政治和公共生活的"极端集中性"意味着这些数量稀少、位置极佳的机构可以轻易接触到其目标受众；此外，鉴于两次大选之间英国政府那近乎独裁的权力，手握渠道的智库会获得物超所值的潜在回报（Desai 1994：31）。

英国政治体制的特点至少在某种程度上弥补了英国智库规模小、资金少的缺陷。此外，那些发表来自学术界、新闻界或政界投稿者成果的英国智库，其实无需将资源的缺乏视为绊脚石，因为那些领域中有足够的人想要散播他们的观念（或者更为愤世嫉俗地说，想让名字出现在报纸、书籍上），这比任何经济动机都要强大。说来也怪，这对近些年来为新右翼智库写作的经济自由主义者有着同样的（或者更大的）效力，虽然就他们本身而言，为这点金钱回报而出那么多力是极为不正常的。随着技术革新的到来，尤其是有助于文本散播的互联网的出现，高成本的传统出版模式不再是其阻碍。

在将英、美环境做抽象对比的基础上，将英国智库排除在重要的政治参与者之外是荒谬的；最近的考察表明英国的政治土壤实际上更为肥沃。近些年来，人们认为智库（尤其是新右翼智库）对公共政策产生了极为深远的影响。学者们同样可以查阅内阁备忘录和其他文献，以对比对现实进行了合理描绘的主张（不完整是必然的）。我们显然不能过于依赖这些个人论述；政治家们不因其对提供帮助之人的信任而闻名。英国人对保密的执着使得政府文档的保密期限至少为三十年，而即使这些记录公布出来，也要慎之又慎地参照二手论述来比对证据。但是智库显然值得调查研究，而影响力问题对理解其作用至关重要。我们能做到的是带着某种程度的怀疑主义，用清晰的分析框架，去利用可用的信息。正如之前所提到的，虽然接下来的章节将建立起智库的整体图景，方法和视角还是必须随各个智库的特性而变化。

费边社和英国智库传统

智库这一现象被认为首先出现于英国，这是对英国智库的忽视中最令人惊讶的一点。就设法引发具体政策变革以及影响"主流知识氛围总体变化"而言，英国有着长久的机构传统（Bradley 1981：174—175）。这至少可以追溯到功利主义和哲学激进派，在19世纪初的杰里米·边沁（Jeremy Bentham）和詹姆斯·密尔（James Mill）的领导下，通过《威斯敏斯特评论》（*The Westminster Review*）这样的期刊，他们将意见传达给相对广大的受众（Thomas 1979）。这一传统随着奥古斯特·孔德的英国（Auguste Comte）信徒传承下来，虽然英国的实证主义者不如其功利主义先辈的影响力大，他们却在19世纪中叶的工会法律改革中出了力（Harrison 1965：251—342；Wright 1986）。

19世纪"哲学-政治核心集团"中的最后一个——也是第一个可以被合理地称为智库的——便是费边社，其领袖们一直知道该组织在英国（更确切地说，英格兰）传统中的地位（Harrison 1993：73—74）。哈里森特别指出：费边主义者试图从内部"渗透"英国政治构建,以及(同时)从外部对其施压的策略已有"大量先例"。(同见于Mackenzie and Mackenzie 1977:60—62;对费边主义者的研究不计其数,包括Durbin 1985;McBriar 1966;Pugh 1984;更具怀疑性的论述见Dahrendorf 1995;Hobsbawm 1964;Thompson 1967)

二战之后不久,6000名费边主义者及其支持者挤满了阿尔伯特音乐厅,为费边社的六十周年举行迟来的庆祝。虽然费边社在20世纪的确切影响的有限性受到了激烈争论,至少它的一些对手对其影响还是毫不怀疑的。1947年的演讲标志着经济事务研究所开始建立,这一机构被描述为"反费边社的"。约在同一时期,保守党内成立了怀有同样宗旨的团体;1948年,保守党政治中心(Conservative Political Centre)第一任领导者卡斯伯特·阿尔伯特(Cuthbert Alport,也是1951年一国集团[One Nation group]的建立者)写到了"被称作知识分子之人……这些被费边社所吸引之人如今掌控着工党";保守党的鲍集团(Bow Group)成立于1951年,其初始目标宣言包括"对抗费边社影响"的意图(Cockett 1994:134;Ramsden 1995:147—148;Cole 1963:332)。然而在过去五十年中的大部分时间,用约翰·卡拉汉(John Callaghan)的话说,虽然其成员个体对工党内的"修正主义"状况贡献良多,费边社在党内正规机构行列中的位置却"实打实地处于边缘"(Callaghan 1996:39,42)。最近一段时间内,费边社有所发展(在1996年中期号称有4500位成员),并且重新支持工党,却是作为工党的助手(有时只是寻求声誉的工党政治家发表演讲的便利场所)而非独立思考的来源。然而,费边社对英国智库历史的最后一个贡献是无可争议的,它最终超越了美国智库,为想要影响政府政策和公众意见的个人提供了模式和激励。由于年代和篇幅所限(也由于已有大量优秀的研究),本书并未分出独立的一章来考察费边社,但其影响却是自始至终、不言自明的。

如今的英国,在任何可以想到的政策利害中,都有智库的身影。由于可供选择的机构太多,范围太广,任何对于英国智库的论述都将是有选择的。为了主题的一致性，我们聚焦于那些主要聚焦于政治经济的团体。声名最盛的英国智库在外交政策领域——坐落于伦敦查塔姆宫（Chatham House)的皇家国际事务协会（Royal Institute of International Affairs，RIIA）。该机构成立于1920年，在凡尔赛和平会议结束之后，它出版声名远播的期刊《国际事务》（International Affairs），并且为许多国家的类似机构提供了模板。20世纪90年代中期，该机构有84名成员，预算约350万英镑（Stone 1996：248）。除对外交政策的兴趣之外，皇家事务协会还说明了与本书一致的主题——智库诞生于感知到危机的为难之际。然而，对于皇家事务协会的详尽考察不在本书范围之内。（最近的优秀"内部"论述见Wallace 1990；同见于Bosco and Navari 1995，Higgott and Stone 1994）

总　　结

对感兴趣于近些年来英国政治思考和公共政策发展的学者而言，我们认为智库研究是必要且困难的。本书始于与上述问题都干系甚大的假设，却也认为只要足够关注，这些问题都能得到充分的克服。许多参与提供政策建议的智库成员——不管政府机构内外——夸张地说，都做出了专业性的贡献，而证明他们主张的错误与证明其正确性一样问题多多。然而我们必须尝试评估他们所服务的群体的影响，并且说明每家智库崛起的方式，描述他们在20世纪的政治和经济事件背景下的活动。这便是接下来章节的目标。在结论中，我们对智库及其在民主社会中的位置做了概括性的思考。

最初的假设是智库可能非常有助于保证选民的信息获取，然而，这一观点的可信度并不高。对我们来说，另一个重要问题是观念和活动是否能决定政策。对这一问题进行权威性回答的尝试或许需要再写一本书，但本书的每一章都包含了不少证据，读者可借此做出更为广泛的结论。

第一章　政治经济计划署

第一节　起源与萌芽

本书的重点之一便是探究20世纪英国智库出现的环境。我们将看到，大多数智库出现在经济危机、政治不稳定或社会冲突的背景之下。虽然观念和活动之间的关系高度复杂，但英国智库的历史有力地支持了一种观点：观念从环境中产生，而非造就环境。

这种趋势可以追溯到更早的费边社——第一个满足智库主要要求的英国团体——成立于1884年。19世纪80年代是维多利亚资本主义"黄金年代"之后经济衰退和社会不安定的十年。在一个世纪的快速工业变化之后，政府的任务正变得更为复杂，而政党也面临着新的挑战，即动员因吸纳了大量工人阶级而扩大的选民，获取他们的支持，而这一切都始于费边社开始集会的那一年（McBriar 1966：6—7）。费边社的创始者们才华横溢、精力充沛（并且争吵不休），他们在任何时代都能留下自己的印记，而当时的状况点燃了他们的野心，他们自我任命为社会和显然需要彻底变革的政府的救世主。除费边主义者之外，其他人也意识到了即将到来的危机；例如1889年，怀着"对社会问题进行仔细调查研究"的目标，基督教社会联盟（Christian Social Union）正式成立（Richter 1964：127—128）。

1931年政治经济计划署（PEP）的建立同样具有重要意义。就在一年前，华尔街的金融崩溃导致了广泛的破产、大规模失业和许多国家的经济危机。"英国国情"急剧恶化，超过200万人失业，并且面临着国家破产的黯淡未来。一战后英国经济的复苏带来的希望被证明是短暂的；大卫·劳合·乔治（David Lloyd George）领导的执政联盟在1918年大选中承诺的"适合英雄的家园"从未建立起来。如今，欧洲面临着一战后凡尔赛体系的崩溃，以及德国纳粹主义令人惊慌的崛起。此外，正如马克斯·尼克尔森（Max Nicholson）所阐述的，苏维埃俄国广泛传播的布尔什维克计划倡议，以及墨索里尼的法西斯意大利的宣传攻势，"开始拉拢心怀不满的退伍老兵、战后出生的年轻人以及其他人等"（Nicholson 1981a：5）。

除了来自国外的缺乏说服力的例子，狂热者们可以凭借英国本身在一战中的经历，来论证一个更加具有指向性的政府的益处。但在1931年初，拉姆齐·麦克唐纳德（Ramsay MacDonald）领导的工党政府对激进改革并不感冒。1930年10月，奥斯瓦尔德·莫斯利爵士（Sir Oswald Mosley)因其解决失业问题的计划，在工党大会上赢得了阵阵掌声，但他却在投票中败下阵来，这与他呼吁政府内部变革时如出一辙。劳合·乔治领导下的自由党更能容纳新观点，尽管在1929年大选中获得了超过500万张选票，却只得到了59个下议院议席，而他们构建未来政府的愿景也缥缈起来。几位年轻的保守党人愿意接受变革的观念，但他们在党内孤立无援。这种环境使一群坚定的年轻人感到一种需要，即"直面20世纪30年代的挑战，并借助热情而仔细的分析，在某种程度上将影响英国事务进程"（Lindsay 1981：10）。

当时有一件事给了PEP灵感与鼓舞，那就是在1931年2月14日的《周末评论》（Week-end review）上发表的题为《大不列颠国家计划》（A National Plan for Great Britain）的文章。文章由《周末评论》助理编辑马克斯·尼克尔森（Max Nichdson）撰写，文章提出对英国的政治、经济和社会结构进行重新整合。尼克尔森认为：这一行动应涉及从议会和内阁进一步分权，使工业更为灵活地自治；（如莫斯利所督促的那样）政府机构应当彻底变革，内阁成员规模缩减至10名，包括总揽国防和经济事务的大臣们；邮局和建筑工程部应转为自主的公用事业；应优先考虑建立令人满意的"纯粹"和"实用"科学体系，也应优先考虑创建统计局、标准与设计院（Standards and Design Institute）和国家博物馆与图书馆信托基金（National Museums and Libraries Trust）。该计划同样提议建立国家道路信托基金（National Roads Trust），将其下放至各个地方；将教育管理从政治和地方手中移交给教育委员会永久掌控；建立商业大学（Business University）；发展卫星城镇；为伦敦建立更广泛的城市绿化带；建立国家公园；对泰晤士河南岸进行完全的推倒重建；通过旅游项目吸引更多的国外游客，并且改善贸易差额状况；建立铁路总公司；建立国家航空局；在商品基础上组织农业生产；等等。在上文提到的内政外交背景下，这篇激进的文章激起了"对于建立持久稳定的机构，以执行独立非党派讨论并研究各种公共事务的需求"（Nicholson 1981a：8）。

尽管相对来说中央政府无所作为，但建立稳定的研究机构的想法还是吸引了当时英国公共生活中的活跃分子。实际上，这些意图改革的人在当时的国内政治舞台上看不到希望，这也增加了独立的研究机构对他们的吸引力。PEP创始成员肯尼斯·琳赛（Kenneth Lindsay）回忆道："我们共同关注英国不断下滑的形势，却找不到建设性力量的着力点。"（Lindsay 1981：11）而一个新的机构将提供出发点。关于建立这样一个机构的对话持续到了1931年3月，最终，J.C.普里查德（J.C.Pritchard）提议的政治经济计划署一名得以通过。

PEP于6月29日发表了关于其目标的简洁声明，称"无法做出国家计划，也无法在恰当时机使国家做好接纳准备，这将意味着巨大的国家危机"。"方便起见"，PEP采纳"《周末评论》的国家计划草案作为讨论的最初基础"。宣言称：PEP的工作将是对从计划中选定的几个方面展开调查研究，形式是研究小组，每小组"不少于3人，不超过10人"。虽然研究者被打散，但PEP也将尽力在三年内准备好一个主要的国家计划，并且用第一年进行各个分领域的调查研究。（Lindsay 1981：13—14）

在早期阶段，PEP的董事会和成员中就出现了潜在的分歧。其中最重大的是关于国家计划到底包含什么内容的分歧。马克斯·尼克尔森近日回忆道："令人遗憾的是，不仅国家及其领导人，甚至PEP成员主体都不是真正在乎计划的过程和纪律，'计划'一词对某些人来说变得索然无味。"（Nicholson 1981b：35）这从一开始就令人担忧，政治经济计划署的名号自始就令人疑虑不安。该问题可追溯到"计划"一词真正含义的不确切性；用彼得·克拉克（Peter Clarke）的话说，"计划"是"弹性量度"（elastic rubric）（Clarke 1996：80）。甚至是芭芭拉·伍顿（Barbara Wootton）出版于1934年的《计划还是无计划》（*Plan or no plan*）中也认为："虽然标题如此，但关于计划中有什么不同于政府干预的成分，却没有给读者以明晰的概念。"（Cairncross 1985：299 note）这不是早期矛盾的唯一原因；PEP第一任主席巴泽尔·布莱克特爵士（Sir Basil Blackett）的"保皇党"倾向遭到大多数人的反对，这些人以直到1931年都在国联工作的亚瑟·索尔特爵士（Sir Arthur Salter）为首，他想让PEP采取更具国际主义的战略

(Nicholson 1981b：34）。这些分歧使得PEP从一开始就显得前途无光，布莱克特和索尔特都是J.M.凯恩斯（J.M.Keynes）的朋友和信徒，而在当时颇为分裂的经济世界中，他们本有足够的合作立场。然而，布莱克特和董事会大多数成员之间的分歧导致布莱克特渐渐不再积极参与PEP事务，而在12月5日，伊泽瑞尔·西夫（Israel Sieff）（后成为勋爵）受邀成为PEP主席。（Lindsay 1981：16—17）

20世纪30年代的PEP

最终，PEP没能实现三年内做出系统的国家计划的目标——实际上在任何时间范围内，他们都未成功。鉴于当时政治圈内大多数人的观点，对于希望对决策者施加影响的任何团体来说，一步一步地提出政策建议才更符合逻辑。西夫曾总结PEP存在的大部分时间内的社会理念，称之为"渐进性的核心团体"（Rothschild 1977：163）。1931年8月联合政府的成立被PEP视为一种信号，表明避免与任何一个政党联系过于紧密是正确的，然而与提供新的行政方式的基础不同的是，新政府急于给英国人以"一如往昔"的印象。

1933到1939年间，PEP遵循着逐步推进的策略，针对几个基础工业发布了报告，这些工业包括钢铁、棉花和煤炭，后来还有住房、燃气和工业布局（Roskill 1981）。这些报告和为其工作的小组使PEP与工业和行政部门的关键人物搭上了线。PEP的目标是影响这些人，并且借助媒体将自己的信息传达给更广泛的受众。该策略的后半部分至少在1933—1939年间显得极为成功。PEP的出版物和报告之后没有跟上主流报刊上的重要文章，这是不寻常的。PEP出版物的销量相当可观，例如，1938年的《英国报业报告》（*The British Press*）在10天内就卖出了500份（Lindsay 1981：23，25—26）。这些年间，虽然PEP与政府没有正式的关联，包括内阁大臣在内的所有政党成员却都关注着它的功用。起初持谨慎态度的联合政府逐渐接受了需要有限的国家干预来遏制失业的观点。PEP在地方发展和工业布局方面的工作，为1936年特别地区重建法（Special Areas Reconstruction Act of 1936）和1937年7月为研究工业人口的地理分布而成立的巴罗委员会做了铺垫（同见于第二章），这表明了PEP的方法与政府契合的程度。早在1935年，年轻的经济学家埃文·德宾（Evan Durbin）就写道："'我们如今都是计划者了。'这么说无可厚非。"——虽然德宾在经济领域对"计划"的定义也不比芭芭拉·伍顿的尝试清晰多少（Durbin 1949：41-44）。

另外两份PEP报告发表于1937年6月和12月，分别是《英国卫生保健服务》（The British Health Services）和《英国社会服务》（The British Social Services）。《英国卫生保健服务》在发表之日就受到了热烈欢迎，占据了共计11种国家级和地方级报刊的头条，而为它提供了重要版面的报刊更是有40种之多。报告得到了诸如《英国医学期刊》（British Medical Journal）和《柳叶刀》（The Lancet）的正面评论。英国医学会（British Medical Association）也发表声明称这份报告代表了"大量的病人调查和批判性思考，而只有亲自考察了卫生保健组织中复杂问题的人才能做到"。（cited by Nicholson 1981b：45）在卫生部，这份报告俨然成了"圣经"，用政府首席医疗官威廉·詹姆森爵士（Sir William Jameson）的话说，"以其作为设计国家卫生保健服务的基础（虽然免费的国家卫生保健服务自1934年以来已是工党的官方政策）"（Lindsay 1981：27；Morgan 1984：152）。《英国社会服务》报告同样大受欢迎。报告发布的那个早上，《泰晤士报》（The Times）在头版报道之后紧接着用两个专栏加以总结（Nicholson 1981b：45—46）。这两份报告都卖出上千份，截至1939年，《卫生保健服务》报告的鹈鹕出版社版本已卖出了25000本（Lindsay 1981：27）。

20世纪30年代的几位历史学家注意到了PEP以及其他"中立意见"的来源对英国的重要意义（Marwick 1964）。史蒂文森（Stevenson）和库克（Cook）指出，二战之前的几年中，PEP和其他组织在所谓"社会责任共识"的出现中起了至关重要的作用。他们认为，1945年之后构成英国福利国家体系基础的许多社会政策提议,"源自20世纪30年代的调查研究和社会思想。它们通过社会文献和PEP这样的专业机构提供的报告而得以呈现,在战前几年中已在政府中得到了有限的采纳"(Stevenson and Cook 1977:29)。另一位历史学家认为,虽然PEP在20世纪30年代的影响力"有限",但它的出版物、报告和其他活动"为20世纪40年代的改变准备了高层次意见"(Addison 1977:39)。类似的言论也发生在对其他机构的描述中,使得这些形象(如往常一样)令人费解,比如,成立于1932年的XYZ俱乐部(XYZ Club,埃文·德宾是其头面人物)有一位早期成员弗朗西斯·威廉斯(Francis Williams),他在自传中写道:"我认为,与同时期的其他团体相比,XYZ俱乐部实际上以一种更为缄默的方式对未来的政府施加了巨大的影响,并且我们以不吸引眼球的、最为隐秘的方式完成了一切。"(quoted in Durbin 1985:83:德宾指出了威廉斯混合了限制极多的强烈主张——饱含政府内部人士论述的普遍特征)无论这时私人团体的确切作用究竟如何,他们显然共同代表着情报圈内一股可观的力量,虽然H.G.威尔斯(H.G.Wells)在1944年称其中一个团体为"意图是好的"(即徒有好心,却无意义)。(Middlemas 1979:272)事实上在20世纪40年代,包括亚瑟·索尔特爵士和尼克尔森本人在内的PEP高层都享有以更亲密的方式影响"高层意见"的机会,因为他们显然是急于战争动员的政府的座上宾。尼克尔森在1940年写了一本流传甚广的小册子,关于英国战争资源的调动,他提出:即使在和平时期,有序的国民生活也有赖于某种程度上的计划和管控(Nicholson 1940)。

二战:1939—1945

对于PEP来说,二战既是挑战,也是机遇。PEP一直呼吁通过国家政策来解决失业问题,并且为自己对国家大事的详尽调查得出的观点赋予国家目标的意义。截至1939年,这些要求只实现了一部分。由于可能持续很久的战争的爆发,失业消失了，经济重新振兴；正如一位高级行政官员后来所说，"二战是对中央计划和管控的延长"（Franks 1947：8）。PEP自20世纪30年代起就在寻求国家目标的意义，这在战争期间变得更为重要。如果英国人民要确信（许多人一开始并不相信）有值得为之战斗的未来的话，"计划"（无论定义如何宽松）便至关重要。1943年，有位作家甚至预言一旦重获和平，将出现"全球范围的一连串国家经济计划"（Bellerby 1943：38；Young 1981：82）。希特勒入侵波兰数月后，题为《重建，1916—1919》（*Reconstruction*，1916—1919）的报告出版，表达了PEP内部当时的普遍情绪，并且提醒读者，无须借助海外经验来证明计划在英国的可行性。报告提出，虽然赢得战争"毫无疑问"是首要的，但也不应忽视"即使在军事胜利的当口，计划也能在随后的重建中发挥重要作用"。就其本身而言，纳粹领导人"从未犯过忽视提前计划或低估观念力量的错误"，而正是"这些品质，而非任何的物质优势"，使得他们能够"利用初期的军事力量，掌控了与其不成比例的人口和物质资源"（Young 1981：82—83）。

1939年年初几个月间，PEP的几位成员被招入影子部门，从事战争预期工作，而他们"越来越感到困扰，尤其在与内阁大臣的联系中，他们感到对于我们战斗的目标，除了笼统的胜利之外，政府没有条理清晰、令人信服的概念。将发生的精神和道德混乱及其对盟军士气和彼此关系的影响，政府似乎并未认识到"（Nicholson 1981b：47—48）。1939年7月，宣战前几周，一个战后目标小组（Post-War Aims Group）成立了，该小组当时并未正式纳入PEP，但囊括了PEP的专业知识和某些成员。1939年8月，该小组至少起草了三份文件。9月8日，战争爆发后一周，小组发表了战争目标、和平条款和世界秩序的声明草案。不到一个月，这份草案发展为一份40页的文件，题为《欧洲秩序与世界秩序：我们为什么而战？》（*European order and world order: what are we fighting for?*）。

《欧洲秩序与世界秩序：我们为什么而战》认为这个世界需要脱离战争状态并且提出，虽然西方文明曾取得过辉煌的成就，如今却"没有充满活力的、单纯的信仰"。虽然以全球为背景，这份文件还是更针对欧洲和英国与世界的关系问题。为避免重蹈始于欧洲的两次世界大战之覆辙，文件认为欧洲的民族主义应由某种形式的联邦主义来取代。一个联邦的欧洲必须基于大不列颠的充分参与；基于为德国寻求一个位置，以充分吸收其建设性力量并且得到其民众的接受；基于为法国和其他感受到德国威胁的国家提供安全保障；基于承认并给予美国和苏联在欧洲的利益。人们认为，欧洲联邦的构想将尤其吸引法国，因为她在25年内两度遭受德国侵袭。为了提升法国的士气，《欧洲秩序和世界秩序：我们为什么而战》被译成法语，大量印本也被送往英吉利海峡的另一边（Young 1981：83—84）。

二战开始之际，对于PEP来说，欧洲的未来就是最大的议题。20世纪30年代，PEP大部分工作的焦点都在国内，而战争大大加强了PEP内部本已颇为有力的国际主义倾向。1941年发布的《英国和欧洲》（*Britain and Europe*）认为：在欧洲，旧的权力体系的崩溃最为明显，"希特勒主义"的教训也最为清晰。希特勒"成功地重建了欧洲统一的基础，虽然线路与他的目标并不相同"。问题不再是欧洲是否应当维持统一，而是采取何种形式，在何人领导之下统一。如果没有英国的主动，即便德国输掉了战争，她还是能够再一次作为"穷困而不统一的欧洲"之领袖而崛起——该观点受到了有大量读者的美国作家詹姆斯·伯纳姆（James Burnham）的支持（他同样预言战后的世界将由负责计划的管理阶级来支配）（Burnham 1945）。PEP为英国的领导提供了备选的案例。英国的地理位置和海岸线优势使其成为欧美之间，也是欧洲和作为整体的"全球经济共同体"之间的"天然桥梁"。在与希特勒主义的战斗中，通过为被压迫国家的政府或重要代表提供庇护，英国人民已经接受了"对战时欧洲的道德领导。在和平年代将其搁置一边，这种放弃几乎意味着背叛"（Young 1981：90—91）。

虽然国际主义倾向占了上风，PEP也没有忽略国内问题。PEP向贝弗里奇委员会（Beveridge Committee）提交了有关社会保险的证据，随后于1942年7月发布了迄今为止最长的报告：《社会保障计划》（*Planning for social security*）。

这份报告提议对每个家庭实施全国性的最低收入计划，实施一般家庭津贴，建立单一的社会保障部以接管收入维持事务，以及提供PEP之前的报告中提到的国家卫生保健服务。随后的贝弗里奇报告遵循了《社会保障计划》中的主要提议，只是删除了重要的一点。贝弗里奇提议以统一保险缴费的支付为提供福利的条件，而PEP提议的是新社会保障体系的所有开支都由税收承担，这涉及"对税收机构和方法的彻底检查和简化"。虽然有此差异，PEP与贝弗里奇的关系在战时的大多数时间仍保持亲密关系，而PEP也为贝弗里奇的下一份关于充分就业的报告提供了证据（Young 1981：42-43）。

第一项战后计划1945—1953

二战之后，PEP在30年代发起的势头似乎有加强的趋势。计划显然有助于赢得战争，而工党在1945年的胜选显然为计划手段在和平时期的应用带来了希望。工党宣言称政府内部将"彻头彻尾地实行计划体系，为在国家计划方面具有建设性的企业和个人提供合适的位置"（quoted in Dow 1965：11）。虽然关于这一时期的历史判断陷入了理想主义广泛传播的陈词滥调，但所有证据，不管是来自当时的民意测验调查还是后来研究，都表明在1939至1945年间，英国意见氛围发生了重大转变，意见的枝蔓伸出了白厅和媒体的范围。当然，政府与医学专家在国家卫生保健服务的创建上曾有不少争吵，而工党的一些国有化项目也饱受争议。然而保守党大臣亨利·威林克（Henry Willink）在战时提出了一个国家卫生保健体制，而在某些情况下，尤其是煤炭工业，丘吉尔任上的反对之声在工党的国有计划面前变得缄默起来。各党派都同意要保证充分就业并确保无业者的生活标准没那么糟；两个主要政党之间的差别主要集中于政府在这一点上的干预程度。两党间基本一致的一个信号（同样也表明了PEP目标的适宜性）便是安格斯·莫德（Angus Maude）在1948年到1950年担任PEP的副主任，并且在1950

年被选为保守党下议院议员之后又将此联盟维持了四年。莫德协助建立了保守党人一国集团,其第一次会议便是在PEP的办公室内召开的。弗里德里希·哈耶克(Friedrich Hayek)雄辩的小册子《通往奴役之路》(The road to serfdom, 1944)提出国家干预经济必将导致极权主义,虽然他借此赢得了不少拥趸,但人们还是普遍认为他的观点过于夸张(见第三章)。

PEP从一开始就谋求哈耶克认为不可能之事,至少将某些中央计划与合适的民主责任制结合起来。政府并未受哈耶克的语言困扰,并于1945年5月起草了一份工作计划,该计划完成于1948年10月。战争与重建的需求改变了英国的经济状况,为政策制定者制造了不同的问题。凯恩斯的需求管理方法似乎解决了战前对资源利用不足的难题;如今的关键是重建工业和提供公共基础服务,同时出口足够的商品以偿付英国的外债。资源的短缺因大量外债的累积和英联邦国家的英镑结余而更显严重,英国贸易状况急剧恶化。1947年6月,PEP在《英国和世界贸易》(Britain and world trade)报告中提到了这些问题,强调了立即驱动鼓励出口的紧迫性。总体来说,报告是战后处理英国贸易和国际贸易问题的第一份综合性成果,受到广泛欢迎,并远销海外,在美国尤为畅销(Goodman 1981:101—102)。

就工业而言,重点在于燃料、能源和工程,因为战后重建和出口驱动的成功在很大程度上依赖于这些工业。大量的情报被收集起来,但从这些数据中得出结论性的政策极其艰难。燃料与能源小组和政府之间产生了意见分歧,一边倾向于"让事实说话",而大部分人的观点是事实需要诠释,所以他们支持行政部门。最终的报告《长期燃料政策》(A long-term fuel policy)发布于1947年,包含了一段结论和提议。(讽刺的是,这份报告的出版被1946—1947年冬季的一场燃料危机所延缓——这一事件表明艾德礼政府实际上并未进行多少计划)(Goodman 1981:102-103)

战后不久,PEP准备了一份针对工团主义的报告,并且发表了该主题某些方面的研究成果总集。在贸易部政务次官约翰·爱德华兹(John Edwards)和工党的帮助下，一卷本《英国工团主义》（*British trade unionism*）于1948年7月结集问世。这本书印了两版，并于50年代中期出了修订版。《人力储量盘点》（*Manpower stocktaking*）、《工作的母亲》（*Mothers in jobs*）和《女性就业状况》（*Employment of women*）等研究成果在1946到1948年间纷纷面世，这些投石问路性质的成果使伊丽莎白·莱顿（Elizabeth Layton）建立起一项专门调查研究，内容是受过高等教育的女性协调职业和家庭生活方面的困难，研究成果以1954年的《大学生妻子们》（*Graduate wives*）呈现。20世纪40年代后期，PEP同样承担了关于人口政策和民主制的研究；1948年，PEP宣传组重新提起其在十年前提出的建立新闻评议会的倡议，这一次，该观点获得了通过（Goodman 1981：103—106，110）。

战后年代，或许是受到公众逃避朴素氛围的欲望的鼓舞，出现了一波视觉和表演艺术的浪潮，这也导致了几篇PEP报告的出炉。第一篇《视觉艺术》（*The visual arts*）报告发布于1946年；第二篇《事实影片》（*The factual film*）发布于1947年；第三篇《音乐》（*Music*）发布于1949年。每一篇报告都引发了尤其是新闻从业者的关注。1950年，英国电影协会（British Film Institute）邀请PEP承担一项对电影工业的研究，研究于十八个月后完成，受到了业内一致好评。PEP在电影业研究期间涉入了娱乐界，这鼓舞了许多年轻成员尝试对其他休闲产业进行调查研究，仅在1951年就诞生了《书籍出版经济学》（*The economics of book Publishing*）和《唱片：工业与艺术》（*The gramophone record: industry and art*）两篇报告。而《足球产业》（*The football industry*，1951）系列报告则提议对英式足球的体系和俱乐部拥有者、经纪人和球员之间的关系进行改革，这些提议也受到了后来的《板球产业》（*The cricket industry*，1956）和《家养宠物经济学》（*Economics of domestic pets*，1957）的追捧。

虽然这些报告和出版物价值很大（有时甚至非常有远见），家养宠物经济学却可以追溯到马克斯·尼克尔森在《周末评论》上发表的文章。战后十年中的第二个工作阶段包含三项具有更直接的经济重要性的研究：分别关于大学、住房政策和政府及工业。这三项研究都根植于PEP早些年的成果。1952年的《政府和工业》（Government and industry）报告表明PEP将眼界放低，不再只关注高层的国家政策问题，报告同样受到了广泛欢迎。然而，指望艾德礼政府向尼克尔森提出的道路靠拢，希望很是渺茫。有些评论家认为丘吉尔于1951年重返唐宁街是由意见氛围的另一个变化导致的——对管控和中央计划的反感。事实上，工党在1951年10月的大选中获得的支持率比1945年7月还要高——这使得大众的反感变得有些奇怪。如果公众真的有所谓失望的话，那似乎也不是因为管控本身的存在，而是源于长久的配给制度对消费者产生了严重的限制。因此，没有人想让这一特定的、由英国的经济困境导致的管控形式长久存在，而长期的管控被认为败坏了总体计划观念的名声。贸易部长哈罗德·威尔逊（Harold Wilson）指出：当他在1948年11月点燃管控的篝火时，政府就已经得出了结论；讽刺的是，作为战时统计员，威尔逊比谁都清楚政府需要不辞辛劳的研究和战略性思考。亚历克·凯恩克罗斯爵士（Sir Alec Carincross）指出：《1947经济调查》（Economic survey for 1947，受时任财政大臣的斯坦福·克里普斯爵士（Sir Stafford Cripps）影响甚深）是那些年间唯一一份试图"说明经济计划带来了什么"的官方文件（Carincross 1985：304）。虽然政府的干预将资源从国内消费转移到出口——甚至在战后引入了面包配给制度——政府却从未尝试尼克尔森提倡的与工业合作（Leruez 1975：74）。尼克尔森本人在战后依然留在白厅，担任枢密院议长赫伯特·莫里森（Herbert Morriso）的顾问。就观察艾德礼政府对其计划的拒绝排斥而言，该职位具有得天独厚的优势，而艾德礼政府甚至拒绝与已然国有化的工业进行合作（Morgan 1984：131, 135—136）。

如果说艾德礼政府只是对计划手段缺乏热情的话，那么1951年保守党政府的回归则表明PEP创建时的理想更不可能实现了。事实上，通过倾向于在各部门间协调政策的巨头体系，丘吉尔曾承诺克服一些妨碍更为系统计划的制度问题，但这项实验没能持续多久。二战结束二十多年后，马克斯·尼克尔森总结道，没有巨大的制度变革的话，哪个政党掌权都没多大影响，"只要财政部仍维持其所坚守的权威性，那么在英国便无经济计划可谈"（Nicholson 1967：298）。在艾德礼政府的失望之后，PEP的关注点更倾向于国际舞台，这就不令人惊讶了。

欧洲研究：1956—1978

PEP在20世纪50年代重新出发，决定调查研究西欧的状况。20世纪30年代早期，PEP可被看作未得到满足的能量的释放渠道，因为在那时，成熟的政党回避关于欧洲联合的严肃讨论，认为这是默认英国将不再能够凭一己之力而繁荣。从1951年到1959年，PEP的执行主席一职由工党下议院议员约翰·爱德华兹（John Edwards）担任，在1950—1951年艾德礼的第二届任期内，他曾担任财政部的经济大臣。爱德华兹是欧洲议会的一员，后来成了议会主席；他也是西欧联盟（Western Europe Union，WEU）成员，该联盟促进了欧洲机构之间持续的信息流通。PEP承担的第一项欧洲研究项目始于1956年，与欧洲组织有关。PEP的研究分析评估了8家欧洲主要机构的工作成果，并且吸引了许多政治家、官员、商人和学者加入他们的领导小组。小组成员包括德里克·埃兹拉（Derek Ezra，后来成为国家煤炭局局长）、弗兰克·菲古雷斯（Frank Figgures，国家经济发展委员会的下一任主席）、经济学家埃里克·罗尔（Eric Roll）和下议院议员乔弗里·里彭（Geoffrey Rippon），在希思任首相时期，他们将为英国加入欧洲经济共同体（European Economic Community，EEC）进行交涉。

PEP的工作在1956年开展之时，欧洲经济共同体仍在讨论之中；1959年《欧洲组织》（*European Organisations*）报告问世之前，《罗马条约》已然签署，欧洲煤钢共同体（European Coal and Steel Community，ECSC）之外又出现了欧洲经济共同体和欧洲原子能共同体（Euratom），欧洲经济合作组织（Organisation for European Economic Co-operation，OEEC）将被经济合作与发展组织（Organisation for Economic Co-operation and Development，OECD）取代。英国政府未能认清欧洲经济共同体的重要性，这将很快体现在英国与欧洲自由贸易区（European Free Trade Area，EFTA）的矛盾对立中。《欧洲组织》（1959年）倾向于使英国政府通过政府间的行动，而非联邦道路来向欧洲合作靠拢。与此同时，报告指出，不管英国是否是欧洲共同体的成员，都需要使政策适应这一新主体的出现。显然，这将在接下来的岁月中制造许多问题。据称这篇对于欧洲机构起源和工作的分析帮助PEP建立起了"欧洲讨论的主要贡献者"形象（Bailey 1981：128）。

《欧洲组织》计划仍在进行中之时，PEP同时开始准备对英国与新兴的欧洲经济共同体之间的关系进行研究。这项计划的想法源自1956年一篇《欧洲煤钢共同体》（*European coal and steel community*）的文章。理查德·贝利（Richard Bailey）在参观了位于卢森堡的煤钢共同体总部之后写出了这篇文章。不久之后，PEP受到了来自美国福特基金会一笔16.5万美元的捐赠，帮助他们继续该领域的研究；这是PEP有史以来收到的最大的一笔捐助。1964年，又一项研究成果（《英国和欧洲共同体》[*Britain and the European Community*]）得以发表（Bailey 1981：130—131）。

在一段时期内，PEP是唯一一家研究共同市场的英国研究机构，在此前提下，我们很难不将其称为"讨论的主要贡献者"。PEP的研究工作为其出版物带来了新的顾客群体，包括美国和英国大使馆，与欧洲挂钩的贸易协会和商业公司，以及急于了解英国的加入将对世界其他国家地区产生何种影响的人们。PEP成员受邀去国外的会议上发言，与福特基金会的联系也致使PEP与三家欧洲研究机构建立了一个联合委员会。1963年1月，英国第一次申请欧洲经济共同体成员资格被否决，在这之后，共同市场研究转向欧洲自由贸易区的构建以及对拓宽英联邦贸易的前景的重新检视。

除了PEP独力进行的欧洲经济和政治问题研究计划之外，他们也与皇家国际事务协会（Royal Institute of International Affairs，RIIA）协同工作。PEP和RIIA之间的合作之功要归于福特基金会的乔·斯拉特（Joe Slater）。1965年，斯拉特拜访PEP，暗示福特基金会不可能在一个研究主题上为两家伦敦机构提供支持，除非两家愿意合作。协商的结果是一笔针对英国和欧共体研究的新的捐助，一部分给PEP自用，另一部分留给PEP与RIIA的合作研究。1967年（英国在这一年又没能成为欧共体成员）到1976年间，两家机构合力发表了27篇论文，主题从农业到税收，从地方政策到欧洲委员会，涵盖范围极广。1972年，两家合力出版了一本书，名为《欧洲的明天：16个欧洲人展望未来》（*Europe tomorrow:sixteen Europeans look ahead*），在全国畅销书单上，此书榜上有名。英国成为欧共体成员的申请在1971年得以通过，在这之后，PEP的独立研究主题开始更鲜明地以欧洲为范围和对象，这些主题包括失业、官僚和议会改革等（Pinder 1981：155—157）。

很难确认PEP的研究成果对英国对欧洲的态度产生了多大影响。内部人员约翰·平德（John Pinder）称，自马克斯·尼克尔森在战时对欧洲联盟的提议开始，PEP的欧洲研究无疑至少在某种程度上影响了英国加入欧洲经济共同体的事件。平德称对于加入欧洲经济共同体的问题，PEP出版物的影响系数留待讨论，但他们"为英国共同体意识的觉醒贡献良多，在他们的努力下，共同体的成员资格成了现实的政治问题"（Pinder 1981：157）。

这一观点背后的逻辑似乎是PEP因其对欧洲共同体的研究而建立起了一定声望，并且使英国在1971年协商加入了共同体。因此，PEP在此进程中一定起了积极作用。然而，英国对于欧洲经济共同体的态度显然是受内阁大臣和官员们的认知所支配的，他们对国家经济前景的认知在不同时期有不同的呈现。包括爱德华·希思在内的另一些人之所以确信需要整个欧洲的一致，是因为他们都有战争经历。50年代中期，当PEP忙于调查研究欧陆上的发展时，艾登和麦克米伦的政府却拒绝借此机会在英国推进运动，使国人相信英国可以独力维持繁荣。麦克米伦决定于1961年6月申请加入共同体，人们认为这过于乐观，且欧洲自由贸易区并不能替代欧洲经济共同体。在这方面，英国和共同体六国各自增长率的数据比PEP的教育性工作更有影响力。直到希思政府协商成功，英国欧洲经济共同体的成员国资格才成为"现实的政治问题"，这是因为戴高乐将军的两个否决票，而不是因为英国人民教化程度不够（英国直到1975年才就此决议征求选民意见）。与PEP有关联者，如埃里克·罗尔和乔弗里·里彭，都是英国加入欧洲经济共同体的尝试历程的重要叙述者，但这仅仅表明PEP被认为是在此问题上观点相近之人的论坛。我们只能得出一个结论：PEP至少有助于为感兴趣的英国人提供信息，但英国向欧洲经济共同体靠拢的政策却是由PEP的雇主策动的，并非PEP详尽的研究结果。

宪政和国内政策研究：1954—1978年

1954年到1964年间，PEP承担的最多的计划类型是对引资的研究；它的身份显然已成为"合同型研究机构"（见导言）。1953年，PEP成功地为两项研究拉来了资金，这两项研究分别关于工业中的大学毕业生和英国的贸易协会，资金由马歇尔援助计划中推进研究的那部分基金提供。后来也有由基金会捐助的研究计划，主题包括家庭需求和社会服务、心理健康设施和工会。20世纪60年代初，通常的形式是申请者准备申请表格，PEP委员会就许多研究主题达成一致，并将申请材料递交合适的基金会；这与早先的计划有很大差异——有些计划筹得的资金只能勉强达标。后来的一些研究计划也受到了极大关注，尤其是《英国经济的发展》（*Growth in the British economy*，1960年）。这项研究是分析经济发展影响因素的最早尝试之一，其领导小组由罗伯特·肖恩爵士（Sir Robert Shone）领衔，肖恩爵士后来成了国家经济开发局（National Economic Development Office，NEDO）局长（Bailey 1981：125）。

NEDO成立于1961年，它是哈罗德·麦克米伦首相对计划手段重拾兴趣的信号。麦克米伦从30年代起就支持计划手段，并且因英国经济的相对滑坡而愈发确信自己看到的证据。《英国经济的发展》推进了这方面的新动议，PEP再次成天然的讨论之处，并且在参加了国家经济和社会研究所（National Institute of Economic and Social Research, NIESR）组织的会议之后，于同年发布了切合会议主题的《法国经济计划》（Economic Planning in France）报告（NIESR见第二章）（Budd 1978: 86）。

1966年，约瑟夫·朗特里纪念信托（Joseph Rowntree Memorial Trust）提供了一笔钱款，用以资助一项对于英格兰种族歧视的重要调查——合同型研究机构（见导言）的特征非常明显。1966年夏末，种族关系委员会（Race Relations Board）主席马克·博纳姆·卡特（Mark Bonham Carter）问PEP主任约翰·平德能否在六个月内测算出英国种族歧视的程度。博纳姆·卡特和内政大臣罗伊·詹金斯（Roy Jenkins）相信歧视已然广泛存在，为向1965年《种族关系法案》增添第二个法案提供了理由。第二个法案将规定就业、住房和许多个人业务中的歧视为非法。实际上，据称"扩大法案的原则从一开始就是新任内政大臣脑海中最重要的事"——詹金斯是在当年12月就任的（Rose等 1969: 515）。然而内阁的态度摇摆不定，而如英国工业联合会（Confederation of British Industry, CBI）和英国总工会（Trades Union Congress, TUC）这样的强大利益集团则坚持认为没有必要进一步立法。抛给PEP的问题很简单：这些领域中的歧视是否"大量存在"（Pinder 1981: 140—141）。年轻的研究者比尔·丹尼尔（Bill Daniel）做出了回应。他让不同种族的参与者申请同样的工作，详细研究这一新颖试验的结果。六个月的繁忙工作之后，PEP的调查研究和丹尼尔的试验得出了相似而令人信服的结果：所有的结果都表明虽未泛滥，但确实存在"大量的"歧视（Pinder 1981: 142）。

《种族歧视》（Racial discrimination）报告于1967年4月发布。据报道，在

后来的一次PEP晚宴上，刚刚离开内政部而成为财政大臣的罗伊·詹金斯说道：关于种族歧视的调查研究在劝说政府进行第二项种族关系立法方面起了"决定性"的作用（Pinder 1981：140）。同样重要的是，大部分保守党人——虽然有伊诺克·鲍威尔（Enoch Powell）那般爆炸性的滑稽人物——都认为必须采取措施来改进1965年法案的条款。时任内政大臣的昆廷·霍格（Quintin Hogg）对他的同事说：PEP的报告是"非常有力的研究成果"，证明了种族歧视的存在（Leader's Consultative Committee minutes 67：141）。媒体对PEP报告提供的证据的反响之强烈，远超报告资助者和顾问团的想象。罗斯和他的同事们指出："对种族歧视报告的大肆宣传——这甚至盖过了皇家专门调查委员会的风头——为内政大臣带来了双重好处：既获得了公众意见的支持，也有了提交给内阁官员的确凿证据。"（Rose等1969：534）

用一位政府内部人员的话说，这些事件构成了"在政策问题上应用研究的经典案例，必须运用实证主义的社会科学研究工具来回答这些问题。如果没有调查研究——实际上指没有产生数据的新的实验方法——那么政策制定者们需要的事实就无法成立"。而政策制定者们正是根据这些事实来做出决策的。然而，PEP追求的观点"并不基于事实服务于政策的预设。一旦确立了事实，那么应当采取法律措施来应对广泛歧视的结论也就被主要政党所接受，也不会受到主要利益集团的排斥"（Pinder 1981：143）。这一观点似乎非常天真，甚至有些虚伪；虽然不能称PEP从一开始就被某种特定的意识形态所推动，但其创立者之间确实有着基础观念方面的共识，即政府行动能够解决问题。虽然有明确证据表明PEP那充满创意的研究者们提供了立法的依据，但我们同样必须认清一个事实：通过对移民施加新的限制，作为对被肯尼亚驱逐的亚洲人的惶恐的应对，工党政府疏远了自由主义的意见，在这种情况下，他们需要一种挽回脸面的方式。（Layton-Henry 1992：53，79）

不管PEP对1968年《种族关系法案》的影响如何，《种族歧视》报告发布之后，它在该领域的权威已然建立起来。六年之后，内政部要求PEP调查研究少数族裔在英国社会的总体情况，并且测算他们与白种人之间在住房、就业和经济状况上的差距。就第一个要求而言，重点在于收集事实而非制定特定的政策，因为"如果获得了事实的人继续以其作为依据的话，对于作为民主政治基础的事实的可靠性就会打折扣"（Pinder 1981：143）。20世纪70年代，PEP准备在种族方面进行第三项研究，他们发起了对少数族裔失业人员、英国海外医生、多民族学校和少数族裔与英国警察之间关系的调查（Pinder 1981：144）。

PEP在60年代末70年代初完成并发表的研究还包括对女性及其职业生涯的研究，对城市发展的研究，以及对个人移动的研究。女性研究的顾问团由就业部事务官丹尼斯·巴恩斯（Denis Barnes）领导。与种族关系研究一样，该项目运用了各种各样的研究方法，为研究主题描绘出一幅综合全面的图景。更进一步的相似之处在于它同样结成了一份报告（虽然这项研究是在十年之后），并且在60年代后期，代表机会平等委员会（Equal Opportunities Commission）和社会科学研究委员会（Social Science Research Council）对职业和组织进行了研究，清晰地表达了《性别歧视法案》（1975年）实际引起的变化。《个人移动与交通政策》（*Personal mobility and transport* policy，1973年）由迈耶·希尔曼（Mayer Hillman）和安妮·惠利（Anne Whalley）撰写，报告以分散的交通设施和对汽车使用的管控为量度，探究了对不同地方的无车人员、老人和带小孩的妇女无法使用公共交通设施的情况来说，计划和交通政策意味着什么。希尔曼与惠利同样为体育委员会（Sports Council）与运输和道路研究所（Transport and Road Research Laboratory）提供报告，证明了小地方娱乐设施渠道通畅的好处；他们也为英国铁路委员会（British Railways Board）撰写报告，探讨铁路封闭产生的社会后果问题。讽刺的是，最广为人知的一段铁路废弃就发生在麦克米伦政府的"计划"时期，这次废弃与理查德·比钦（Richard Beeching）干系甚大。比钦的计划忽略了协调的交通运输政策的可能性，这或许是对战后英国政府缺乏马克斯·尼克尔森在1931年要求的那种视野的最佳写照（Pinder 1981：145-147）。

1967年1月，PEP发布了萨缪尔·布里坦（Samuel Brittan）的《英国计划调查》（*Inquest on planning in Britain*），该报告由福特基金会资助，是英国、法国和德国各自经济计划和政策的比较研究的一部分。哈罗德·威尔逊延续了马克米伦的尝试，试图通过大陆式的指示性计划来复苏英国经济。然而，随着英国政府仍咬住英镑的货币标准不放，由威尔逊提出、经济事务部（Department of Economic Affairs，DEA）发布、NEDO（后由国家计划）执行的发展目标成了牺牲品；该计划于1966年宣布失败。

布里坦的小册子的标题回避了一个问题——即使在麦克米伦和威尔逊政府统治下，"在英国进行计划"最多也就不冷不热；在经济部门之间没有多少协调合作且财政部的优先事项放在别处的情况下，为未来的经济发展设定目标似乎只是一厢情愿——这时财政部的优先事项是保护汇率。布里坦曾在DEA工作一年多，他指出长期的收支平衡问题阻碍了计划的进行，并提议实行浮动汇率，以此保证财政部对英镑力量的顾虑不会破坏将来的努力。布里坦的论述是无可争辩的：当1964年政府上台时，如果英镑贬值，如果哈罗德·威尔逊不那么急于确保工党避免致使英镑贬值的污名，那么计划的成功率就会大很多。

由于PEP几乎从一开始就偏离了尼克尔森倡导的提议范围，计划体制的消亡对进一步的工作构不成麻烦。德宾在1935年对计划的定义——"只是政府对特定产业的干预，而经济的大部分还是掌握在私营者的手中"——在缺乏连贯的总体战略的情况下依然适用。实际上，德宾称："计划绝不意味着存在一份（总体）计划。"（Durbin 1949：42—43）20世纪70年代早期，PEP对经济政策的主要贡献是其对劳资关系、收入和人力资源政策的研究。1970年，比尔·丹尼尔撰写的《劳资的讨价还价之外》（*Beyond the wage-work bargain*）发表，他在其中展现了作为"集体寻求改变"的手段的劳资磋商如何改善工作关系，如何提升工作动力、满意度、工资和生产率。丹尼尔的研究成果导致了《管理的权利？》

（*The right to manage?*，1972）的产生，后者说明了如何改善管理者与雇员之间的关系，而有魄力的企业已经通过雇员参与决策实现了改进。同年晚些时候，PEP开始立项对越来越大的通胀威胁做调查研究，通胀完全不顾与之类似的失业率的居高不下，在60年代末70年代初持续高涨，这违背了政府的期望。这种"滞胀"（保守党影子大臣伊恩·麦克劳德[Iain Macleod]所称）代表着对PEP所坚持的凯恩斯主义经济政策的威胁。PEP的研究聚焦于在集体讨价还价的过程中，态度和行为是如何转变为通胀的。1973年年底，利弗休姆信托基金（Leverhulme Trust）为这项研究提供了一大笔资助。差不多同一时间，欧佩克成员国将油价提升至原来的四倍，使英国的通胀率猛然涨了一倍。通胀在1974年和1975年上半年继续急剧发展，而就在1975年上半年，比尔·丹尼尔完成了调查，表示在有限的固定费率基础上增加6英镑周薪，这样的收费政策有可能被广泛接受。比尔的发现与接下来的希斯、威尔逊和卡拉汉政府的政策一致，但撒切尔夫人在1979年当选首相，人们的收入至少在名义上下跌了，而丹尼尔随后对于未来政策发展的建议进展甚微（Pinder 1981：150—151）。PEP对说明从各式决策者的收入政策中学到的教训做了有益的尝试，但这却将国家管控的理念置于受人怀疑的境地，因为研究结果表明，如果要通过立法取得成功，情况将会多么复杂。

在这一时段对总体社会政策领域进行的研究计划中，PEP同样考察了另一个现象——失业。一份发布于1974年的国家调查结果表明，对有家庭的人来说，失业的代价尤为高昂，而人们之前聚焦的年轻人群体则不然。1976年，人力服务委员会（Manpower Services Commission，MSC）发起了对1974年受访人群的后续调查，调查结果显示了这些人在两年间的就业起伏，也显示了有多少人失了业，而MSC正是基于该结果进行一系列政策决策的（Pinder 1981:151）。桑托什·穆克吉（Santosh Mukherjee）曾在对英国和瑞典人力资源政策的比较研究中阐明了支持建立MSC的想法。由爱德华·希思建立之后，MSC面对的是迅速增长的失业率，而穆克吉被要求研究加拿大的就业岗位创造情况。他的报告发布于1974年，题为《有工作要做》（*There's work to be done*），该报告成了MSC就业创造计划（Job Creation Scheme）的基础。1976年，PEP发表了穆克吉的《失业成本》（*Unemployment costs...*），这份报告显示了由于失业，欧洲共同体国家中税收的降低和公共开支的提升为国家预算增加了多少负担。这份报告引起了纽伦堡的德国联邦人力资源政策机构（等）的关注，他们委托PEP承担对失业问题的联合研究（Pinder 1981:149）。

20世纪70年代，PEP工业研究的主题是创新。1969年，克里斯托弗·莱顿的《欧洲先进技术》（*European advanced technology*）问世，1972年又有一篇《十大创新》（*Ten innovations*），这都基于他为科学与技术中央顾问委员会（Central Advisory Council for Science and Technology）提供的报告。这一时段的其他研究包括克里斯托弗·哈洛（Christopher Harlow）的《国有化下的创新与生产力》（*Innovation and productivity under nationalisation*，1977），以及姚苏胡（Yao-Su Hu）的《国家对于工业的态度和拨款》（*National attitudes and the financing of industry*，1976），后者对比了英国的财政机构和欧洲大陆及日本的工业银行，这些银行具有充足的工业专业知识，能够判断投资风险与回报之比例（Pinder 1981：152）。然而在70年代中期，英国的经济困境过于严重，致使这一中肯的建议无用武之地。即使英国在1980年成了石油净出口国，政府政策的重点还是鼓励短期收益而不是采取像在日本和德国取得惊人成绩的那种远见战略。

20世纪70年代中期，失业和通胀问题已变得极为严重，政治的不稳定形势也极为严峻，因此出现了英国正变得"无法治理"的说法。英国广播公司（BBC）于1976年以此为主题做了一系列节目，而五位参与者中的两位，约翰·麦金托什（John Mackintosh）和萨缪尔·布里坦，都与PEP有关联（King 1976）。1974年，PEP决定将其各种各样的研究之溪流汇入一份报告之海，汇总的成果便是《重塑不列颠》（*Reshaping Britain*），倡议比尔·丹尼尔的收入政策、桑托什·穆克吉的加强MSC、姚苏胡的复兴工业投资以及麦金托什的上议院改革，后者的目的是纳入贸易协会和雇主的代表。这份总报告受到了部分政治家和工业家的热烈支持，彼得·杰（Peter Jay）也在《泰晤士报》上撰文赞扬。然而随着70年代慢慢过去，在总体经济政策的概念之下系统性地结合工业和人力资源政策的理念受到了右翼评论家（包括越来越受货币主义解决方案吸引的杰）的挑战，同样也有来自左翼的斯图亚特·霍兰德（Stuart Holland）等进口管制的倡议者的质疑。PEP从始至终倡导的"中间道路"显然仍受到广大公众的支持，但随着政治家们试图掌握不再复杂的局势，PEP受到的威胁也在增加。

PEP长期以来一直倡导彻底修改宪政，并在六七十年代继续阐述改革的观点，而这一问题后来成为媒体的重要关注点。1965年，一份题为《下议院改革》（*Reforming the Commons*）的小册子问世，其作者是议会研究小组（Study of Parliament Group，SPG）成员。接下来，SPG承担了更多的工作，这些工作由成立于1965年的社会科学研究委员会（Social Science Research Council，SSRC）提供资金，委员会的第一任主席是迈克尔·杨（Michael Young），他曾是内阁大臣，也是PEP主席团成员（杨在1966年成为PEP副主席）。这些研究的出版成果包括安东尼·巴克（Anthony Barker）和迈克尔·拉什（Michael Rush）的《议会成员及其信息》（*The member of parliament and his information*，1970）、约翰·格里菲斯（John Griffiths）的《议会对政府条例的监督》（*Parliamentary scrutiny of government bills*，1974），还有一些关于特别委员会、下议院议员的公务和能力的报告。所有的研究成果都出现在政府1979年实施的议会委员会制度改革之前。后来成为SPG主席的彼得·理查兹（Peter Richards)同样为PEP写了一部书，内容关于1972年地方政府法案。在他的研究面世之前，对于该法案的不安就已广为流传，特别是地方政府的权力大小问题，该问题甚至到90年代依然是争议的焦点（Pinder 1981:155）。

从 PEP 到 PSI：1976—1978

1972年10月，PEP执行委员会和高级职员在德文郡的达汀顿霍尔举行了一场周末会议，对PEP未来的作用和功能进行讨论。虽然PEP过去表现出的问题并未得到批判性的讨论，但显然他们认为PEP必须增强对困扰着国家的问题做出应对的能力。埃里克·罗尔谈到要效仿美国的布鲁金斯学会和新近建立的社会政策研究中心（Centre for Studies in Social Policy，CSSP）的模式，在英国发展出一个中心，他也提到CSSP与PEP的覆盖领域几乎一致。虽然罗尔的想法被证明是很有预见性的，但PEP还是暂时按照自己的精神扩张。PEP决定将研究团队扩张至25到30名研究人员，这要求将现有的收入翻倍。随着从前的赞助者的逐渐消失，PEP获得了新的收入，特别是来自工业的资助。然而，通胀仍在加速，导致PEP只能维持一定规模不变的人员的稳定。PEP作为社会科学研究机构的能力和声誉仍在增长，但"即将到来的英国问题浪潮来势更急，其他人开始呼吁建立类似布鲁金斯学会的中心"（Pinder 1981：158—159）。

就像20世纪30年代的危机造就了PEP一样，20世纪70年代的问题——虽然在性质上不同，却显然同样严重——为新动力的需求添了一把火。1976—1977年，伴随着"英国布鲁金斯"的讨论，悄然发生两次建立新的大型研究机构的尝试，其中一边是社会科学研究委员会的德里克·罗宾逊（Derek Robinson），另一边是伦敦政治经济学院院长拉尔夫·达伦多夫（Ralf Dahrendorf）。达伦多夫提议在伦敦建立新的经济和政策研究中心，以帮助"政治家、商人、管理者、专业人群和学者们……了解二十世纪七八十年代全世界的经济、社会和政治窘境，也包括英国在其中的面貌"。达伦多夫提出：与从前一样，伦敦政治经济学院是一个"最适合为这样的研究提供基础和讨论"的地方。达伦多夫随后描述了当时的困境：国际经济和政治机构身上的压力；《赫尔辛基最终法案》（Helsinki Final Act）与紧张局面的缓和；石油危机及对发展的限制；新的社会趋势和文化态度；英国的具体问题——发展缓慢、国家干预度高、工业关系糟糕、阶级分化的社会和敌对政治观。达伦多夫认为过多的短期思考阻碍了中期解决方案的提出。智囊和权力者需要一个会面之处来与这些问题"交手"（Dahrendorf 1995：490）。

达伦多夫随后提供了三种方案。第一种是"机构的机构"，意即将现存的机构整合到联邦或邦联体系中。第二种是"决定国家利益的中心"，该中心将有助于"调动并稳定那些坐立不安并且愈发失望的中间阶层公民，将他们集中在独立于现存政党的焦点四周"（这是对早些时候PEP对政党矛盾表达失望的响应）。最后一种选项是建立一个"社会-政治-经济智库"，该智库将"运用促进决策范围明确的观点，针对当代政治、经济和社会，进行公正而全面的研究，而决策范围是任何社区部门都必须遵守的"。该机构将对现状进行研究，整合学术力量和专业人才，并将其研究成果广泛传播。该中心并非纯粹的学术机构，其工作应与政策相关，并且依托于所有政党和公共组织的观点和人员。为了完全履行职能，该中心每年将需要90万英镑，以资助12名终身研究员和24位临时研究员，以及必要的基础设施（Dahrendorf 1995：490—491）。

1977年5月，题为"英国的布鲁金斯学会？"的《PEP公报》（*PEP Bulletin*）特别版汇集了各界来稿和他们的观点。虽然《泰晤士报》编辑威廉·里斯-莫格爵士（Sir William Rees-Mogg，后成为勋爵）持赞同态度，但国家经济和社会研究所（见第三章）、皇家国际事务学会和PEP的主席都害怕浪费人才。PEP主任约翰·平德反对大型的研究机构，认为那将使思想界现存的多元主义陷入危机（Pinder 1981：159）。高校中的社会科学院系也反对该计划，理由是这将从他们手中夺走公共政策分析的权利。伯纳德·多纳休（Bernard Donoughue）认为，在传统财政渠道关闭之时，向社会研究注入大笔资金和推动力"没有影响英国的研究构建，因为他们更偏爱在浅浅的池塘中畅游，而非容忍新的大型竞争"（Donoughue 1987：125—126）。

关于"英国布鲁金斯"的争论战场随后转移到欧洲大陆，但也没有收获多大成功（Dahrendorf 1995:493）。在欧洲大陆举行了一系列高层会议，在1977年他们终于同意建立"欧洲布鲁金斯"。欧洲各国政府被要求提供支持。英国首相詹姆斯·卡拉汉（James Callaghan）对此做出热情回应，国内文官长道格拉斯·艾伦爵士（Sir Douglas Allen）与内阁首席秘书约翰·亨特爵士（Sir John Hunt）也持相同态度。进一步的系列会议决定将欧洲委员会列入主办方之列，尽管被提议的机构依然独立于欧洲经济共同体。白厅很快开始支持将该机构的地点定在伦敦的观点，并且出炉了一份引人注目的部门名单。当德国总理赫尔穆特·施密特（Helmut Schmidt）于1979年5月访问英国时，他日程中的一个小项目便是支持将欧洲布鲁金斯的地点定在伦敦。然而就在施密特抵达一周前，英国大选使政府构成发生了变化，在唐宁街10号迎接德国总理的是撒切尔夫人，而非卡拉汉先生。之后不久，撒切尔透露她决定否决该计划，理由是那将增加公共开支（Donoughue 1987：126—127）。

1977年夏，PEP与同样在考虑将来的社会政策研究中心接触，提议两家机构合并。CSSP那时才刚成立五年，但已经建立了作为公共政策研究和讨论机构的名声，它的委员会和职员都热衷于进一步扩大自己的产出和影响。结果是社会政策研究中心委员会决定"与PEP联合，建立一家基础更为广泛的机构，使在中心五年以来的发展和成就的基础上更进一步。两家机构的作用和兴趣相似，而它们当时的经验、需求和资源更多的是互补，而非重合。我们可以合理地期望他们的联合将实现1+1>2的效果"（Isserlis 1981：163）。

与国家经济和社会研究所、PEP和皇家事务学会的同行相同，社会政策研究中心也不支持英国布鲁金斯的理念。这些机构的疑虑不安部分上是产生自一种威胁感，他们担心英国布鲁金斯会威胁他们自己未来的资金筹集和人才招募。而英国布鲁金斯计划似乎也基于"对建立具有预想的种类和规模的机构之可行性和实用性的过分乐观。经验和理性的思考都不认为华盛顿的机构所做或所期望的，可以在大西洋的这一边被成功地或如人们所期望地复制"（Isserlis 1981:163—164）。简言之，虽然布鲁金斯学会的工作范围和质量值得被尊重，但它更适合美国的环境。而更适合英国的是现存机构的进一步发展，包括在适当时机进行合并。

关于合并的话题一旦开始，就发展得很快。PEP和社会政策研究中心达成一致，埃里克·罗尔和弗雷德里克·西博姆（Frederic Seebohm）将担任合并后机构的联合主席，蒙蒂·芬尼斯顿爵士（Sir Monty Finniston）任委员会主席，查尔斯·卡特（Charles Carter）任研究和管理委员会主席。委员会成员将由两家机构各占一半，约翰·平德被任命为第一任主管。PEP和社会政策研究中心职员都可在合并后的机构中寻求一份工作。PEP职员坚持要求新机构仍以PEP为名，但社会政策研究中心拒绝接受。当马克斯·尼克尔森表示PEP的创始者们知道他们做了错误的选择，并且他本人根本不在乎名字时，PEP一方受到极大震动。中肯地说，如果PEP成立之时的创建者们面对的是70年代中期，而非"计划"大行其道、前景光明的30年代早期，他们就不会考虑PEP这一名号。僵局最终交由联合主席仲裁来解决，两人最终选了一个双方都认可的名字。和解之后，合并完成，政策研究院于1978年3月31日（他们再三确认不是4月1日）正式诞生，坐落于离摄政公园不远的东园村（Pinder 1981：159—160）。

小结："事实能为自己说话吗？"

按照《周末评论》上马克斯·尼克尔森的文章中的抱负来看，我们必须将PEP的历史描述为至少是一种相对的失败。英国没有采用尼克尔森要求的系统计划。更严重的是，PEP本身也从未具备起草计划的基础。它很快被各种研究占据，而不管这些研究有多严谨，最多也只是指向渐进改革的道路。

失败的原因已然明晰。一种对于权力的象征恭敬有加，又强烈反对权力实施的分裂的英国政治文化，正是尼克尔森最初公开呼吁的源头，这意味着任何蓝图——即使是提议极端的自由放任和布尔什维主义或法西斯主义之间的"中间道路"——都会被英国的实践主张所排除。只有当全面战争来临时，英国政客才会看向总体解决的途径；而一取得战争胜利，即使社会主义政客的第一本能也是尽快恢复他们习以为常的道路。PEP建立的目标是改变英国政客的心理，却面对着两个选项，要么去模仿尼克尔森鄙弃的"体制"，要么就被无视。PEP成员做一番事业的热情——即便这意味着对其抱负的大幅阉割——加上部分创始人对"计划"一词的疑虑，保证了PEP去选择第一个选项（Nicholson 1967）。随着时间的流逝，政府内部人员很容易根据这些经过修订的抱负来对PEP的记录做出判断，据此，他们甚至将这些基本的政府设想看作提前若干年来规划政府部门支出的必需，标志着他们的道路之成功。晚至1976年，政府所属智库前首脑罗斯柴尔德爵士才在纪念西夫勋爵的一次讲座中提到：不应将"计划"与感性的计划大纲混为一谈。他将"计划"定义为"对现在和未来的体制和情境的分析，并根据相应态度构建符合逻辑的推论"（Rothschild 1977:166）。据此观点，几乎任何理性的决策都能作为"计划"的例子来被称颂（当然也可能被谴责）。

由于英国永远不可能单纯地接受系统计划，PEP在二战之后自然就将目光转向了欧洲大陆。1961年，当哈罗德·麦克米伦申请英国成为欧洲经济共同体成员时，这一战略看上去就要为PEP带来回报。毕竟，麦克米伦曾在30年代冒着政治前途尽毁的风险支持计划体系，而他坚信，英国的最大利益就在于在欧洲经济共同体内实行计划性的经济发展战略。从这个角度来看，戴高乐将军——英国计划体制的拥护者视为榜样之国的总统——在1963年的否决，对PEP旧日理念的冲击，要远远大过后来威尔逊国家计划的崩盘。在PEP对爱德华·希思十年后的成功做出反应之前，第四次中东战争导致的石油危机使得在迫在眉睫的日常生存面前，任何长期计划都要靠边站，因为政策制定者们都等着英国自己的石油进入市场。

玛格丽特·撒切尔（依照自己的意识形态信念，她确信英国所有的困境都要归因于全面的计划实验，而这种全面计划实际上从未发生过）的到任或许使PEP

的消亡板上钉钉了。然而讽刺的是，合并后的政策研究院之所以能够生存下来，似乎正是因为PEP没能遵循马克斯·尼克尔森划下的道路。通过聚焦于对特定题目研究透彻的出版物而非尼克尔森设想的那种总体规划，PEP很快在学者、新闻记者、公职人员和政治家之中建立起了很高的声望，这些都是在观念上不反对政府干预的人。如果PEP说没有设定任何政治议程的话，它对政治家选择的、涵盖诸多问题（尤其是关于像种族和性别关系这样的问题）的议程的贡献，却总是值得注意的。在需要辛勤的调查研究而非意识形态倡议之时，继承了这一传统的政策研究院仍要为政府和其他机构承担合同型研究——即使是撒切尔政府也偶尔承认对这种帮助的需求。

在右翼保守党政权统治下，政策研究院的存活显然表明了政府内部人员的主张，这真的是一个允许事实为自己说话的机构。1989年，比尔·丹尼尔指出政策研究院"除了经验主义和实用主义之外，没有基本的政治立场或政治哲学以支撑（其）工作"（Daniel 1989:24）。这一主张被PEP和政策研究院的出版风格所证实，这些出版成果几乎不用所谓辞令，并且不管各位作者的意图如何，它们的写作风格都是为制定政策的精英准备的，而非为了广大选民。但是它们的风格也基于"事实"和"价值"之间的明显区别，这是不能容忍的。即使事实却是"为自己说话"，他们也不会得到留意，除非听者有心（Garnett 1996a:3—4）。令某些人想到"经验主义和实用主义"的事物，对另一些人来说或许意味着教条主义，即使用语温和亦然。丹尼尔的评论表明，如果他在20世纪60年代的种族研究中发现的证据被用作遣返移民的论据，他也不会有什么怨言；在现实中，PEP和政策研究院在此关键领域中所做的研究工作，或多或少都带有对一个成功的多文化社会的渴望。

1981年，社会民主党（Social Democratic Party，SDP）成立，其领导人之一（雪莉·威廉斯）曾是政策研究院的临时研究员，而其他党员中还有政策研究院主席（查尔斯·卡特）、研究主管（约翰·平德）和三名终身研究员（Crewe and King 1995:554）。许多社会民主党成员无疑认为他们的政治立场构建在"经验主义和实用主义"之上，但是对外部的观察者来说，该党显然属于一个与众不同的意识形态传统——进步主义或"新"自由主义传统。这一传统可追溯到19世纪末的T.H.格林（T.H.Green）。马克斯·尼克尔森曾向PEP的创建者们亲口承认："在最初十年中，许多人都是自由主义者。"（Nicholson 1981a：5）社会民主党打破20世纪30年代以来就一直存在的"两党模式"的可能性很大，某些政策研究院成员不可能错过。然而尽管社会民主党的民意调查支持率一度达到50%之高，其社会根基还是太浅，不足以保证其生存。与帮助建立公众坚定支持的联盟相比，政策研究院出版作品的理性主义论调更可能加深对社会民主党对手的印象——它只能够煽动媒体和政治知识界中为数不多的人，在主要政党愈发极化的时代，这些人渴望二战后的那种共识。温和派无力找寻能与左右两党的意识形态对抗的话语和观念，这是社会民主党的创建者们退居工党之后的主要原因。

政策研究院比短命的社会民主党发展得更好。1995年，它从各种机构收到了超过400万英镑的资助，而其经营盈余将近10万镑。在本书写作期间（1997年10月），托尼·布莱尔（Tony Blair）的"新"工党政府似乎更加接受政策研究院进行的研究工作和取得的成果，虽然这些工作显然已与马克斯·尼克尔森提出的那种计划相去甚远，这也比玛格丽特·撒切尔对政策研究院前身的态度要好得多。即便如此，据称工党胜利后的数月内，政策研究院的研究主管帕米拉·梅多斯（Pamela Meadows）已在与相邻的威斯敏斯特大学亲密磋商——这次交涉或许将为政策研究院提供新的保障。若非如此，该机构将继续受有上顿没下顿的不安之苦，而这种苦与合同型研究机构是分不开的，不管他们的研究结果享有何等盛誉。

第二章 国家经济与社会研究所

起　源

与PEP一样，1929年的华尔街金融崩溃引起的经济大幅下滑，推动了国家经济与社会研究所（National Institute of Economic and Social Research，NIESR）的创立，在研究所最终成立之际，经济前景已大为改善。NIESR成立于1938年，而早在30年代初，约西亚·施坦普爵士（Sir Josiah Stamp）就提出过相关倡议。施坦普是一位才华横溢的公务人员，担任英格兰银行行长（还有许多其他职务），他曾与洛克菲勒基金会的社会科学补助体系有所关联，因此确信为了处理英国的社会科学补助问题，一项重大动议是必需的。他的目标是建立一所有独立资金、以经济学为主要兴趣的研究机构（Jones 1988:36）。

施坦普与一群像他一样关注提高政府所获信息质量的杰出学者共同讨论了他的想法，这些学者包括伦敦经济学院院长威廉·贝弗里奇（William Beveridge）、英格兰银行经济顾问亨利·克雷（Henry Clay）和施坦普在经济顾问委员会（Economic Advisory Council，EAC）的同事休伯特·亨德森（Hubert Henderson），经济顾问委员会由拉姆齐·麦克唐纳德（Ramsay MacDonald）于1930年设立，只存在了很短一段时间；休伯特同样曾是约翰·梅纳德·凯恩斯的合作伙伴。这些经济学家因其致力于公共服务的争论而闻名。1939年，施坦普和亨德森接受了凯恩斯的观点，即关税改革是挽救英国经济危机的必要措施，而克雷和贝弗里奇对此进行了激烈的反驳（Williamson 1992:68）。从一开始，新成立的研究所中就潜藏着一种危险，即它或许只是为无休止的争论提供了一个新的舞台，这些争论发生于凯恩斯主义者和自由贸易主义者之间，当时的经济学家大多隶属于两派。在此背景之下，NISER的最初推力来自施坦普，这一点尤为值得注意；根据凯恩斯传记作者的说法，施坦普在经济顾问委员会中的作用便是"维持和平"（Skidelsky 1992：369）。

1934—1935年间，在时任伦敦大学政治经济学系高级讲师（senior lecturer）的诺埃尔·霍尔（Noel Hall）的帮助下，施坦普获取了多家信托基金的资助，其中包括哈雷·史都华（Halley Stewart）、利弗休姆（Leverhulme）、洛克菲勒和朝圣信托（Pilgrim Trust）。哈雷·史都华的董事会委派了一个小型委员会，建立经济研究机构以探究应用性问题的可能性，他们资助了600英镑。委员会由珀西·奥尔登爵士（Sir Percy Alden，哈雷·史都华董事会主席）、克雷、亨德森和霍尔组成，他们的结论是，建立一个承担定量经济学研究的独立机构是有必要的。参与组织的人员还包括PEP主席伊泽瑞尔·西夫、凯恩斯的死敌、伦敦政治经济学院的莱昂内尔·罗宾斯（Lionel Robbins）和工会领导人沃尔特·西特里尼爵士（Sir Walter Citrine）；罗宾斯和西特里尼都参与到了经济顾问委员会的事务当中。

1936年中段，公共意见一致赞同成立国家经济研究机构的必要性。人们提议让该机构承担实证研究，直入迫在眉睫的问题，如人口分布、经济崩溃地带以及失业问题。人们也从一开始就考虑到该机构应当从事以若干年为单位的、历时性和系统性的观察，观察对象包括国家收入体量和分配的变化，以及近期规划的实验中不同价格集团和结果之间的关系。人们同样一致确立了更为深远的目标，即尽可能地保证经济研究的协调，并为此组织和资助该机构之外的特殊研究。人们同样希望，作为使用统计数据之经验的结果，可以在统计学的质与量两方面都实现重大改进（Jones 1988:37）。

由于与威廉·贝弗里奇爵士的活动相关的某些问题，NIESR的正式成立被推迟了。贝弗里奇一直在争取卸任伦敦政治经济学院院长一职的许可，目的是将更多的时间用于自己的研究；他还向洛克菲勒基金会提议成立一个"贝弗里奇学院"（Beveridge Institute）。（自身同样受经济衰退影响的）洛克菲勒基金会最终拒绝了这一提议，这时贝弗里奇对哈雷·史都华委员会的新倡议产生了兴趣——他在其中看到了成为带头人的可能性。大约与此同时，伦敦政治经济学院内部也产生了一个计划，即建立一个基于学校的经济研究部门，而施坦普当时是学校的话事人。然而，贝弗里奇本人仍然深受新提议的哈雷·史都华研究所吸引，他甚至对组织委员会的议案提出了自己的修正方案。结果，贝弗里奇的修正建议中只有一条被采纳——将"社会"（Social）一词加入新研究机构的名称当中。虽然NIESR的工作中一直有着鲜明的"社会"元素，然而经济问题才是其主要关心的对象。

委员会就带头人的其他方案征求难缠的贝弗里奇的意见，这使得事情一拖再拖（并且使双方的关系有些紧张），他们直到1937年年底才最终下定决心建立研究所。之前在政治经济计划署的创立中发挥关键作用的诺埃尔·霍尔被任命为董事，约西亚·施坦普爵士被选为董事会主席，而这时离开伦敦政治经济学院、到了牛津大学的贝弗里奇被选为主席。然而，贝弗里奇只参加了一次会议，随后他便称病不出，并且在一段恢复期之后辞去了主席一职，以致力于自己的研究。随后一年，施坦普被选举为主席，亨利·克雷为副主席（Jones 1988:37）。

发布于1938年1月5日的一份声明首先提到了财务安排。财政支持由朝圣信托、后来的利弗休姆勋爵和哈雷·史都华的董事们提供保证。洛克菲勒基金会提供与他们均等的捐赠，使得研究所在接下来七年中每年能获得总数1万英镑的资金。该声明描述了成立研究所背后的动机：与自然科学相比，社会科学领域的研究设施大为不足，所以需要建立一个全国性的独立经济研究机构。该声明认为现有的大学研究中心，如伦敦政治经济学院、曼彻斯特大学的经济研究部、牛津大学的统计研究所和纳菲尔德学院，都无法满足上述需求。新成立的研究所将实现以下功能：

1. 由研究所常驻人员或临时相关人员，对当代人类社会的事实和问题进行研究；
2. 向大学和其他机构的人员提供研究方面的协助和相应设备；
3. 为某一类研究申请资金，该资金既用于自身的研究工作，也用于资助其他进行讨论性研究的机构和个人；
4. 与其他国家的类似机构或组织合作，旨在保证普遍性问题上面的比较研究；
5. 出版或协助出版研究成果，详细审查这些出版物的公正性和科学性（Jones 1988:37）。

作为一份意图声明，这无疑是四平八稳的。声明提议经济政策应当基于研究，并且应当把证据更广泛地发布给公众，这在20世纪30年代后期是无可争议的。举个例子，政府在之前十年间已经开始就国内经济活动展开调查。然而，研究所领导人之间的分歧却使实质性的计划成为泡影。用奥斯丁·罗宾逊爵士（Sir Austin Robinson，1949到1962年任管理委员会主席）的话来说，成立初期，最高管理层之外的成员"对研究所的功能指向何处感到非常困惑"；研究所的创始人是否有足够的远见卓识，甚至也要打上一个问号（Robinson 1988:63）。

战时及战后早期的研究

经历了成立之期的好事多磨之后，NIESR强烈地感到需要尽快开启研究计划。研究所立即开始确认之前因资金短缺而耽搁了的研究领域，并在国家收入、失业、工业布局和人口分布、1928年以来英国的经济变化和商业政策与贸易条例等方面指定了特别委员会。这些问题早已在部长级人物的关注之中，蒙塔古·巴罗爵士（Sir Montague Barlow）于1937年展开了对工业布局和人口分布的官方调查；政府自20世纪30年代初起也在推动工业重组方面表现得十分积极，而采取的方式主要是合并（Hennessy 1992:209）。研究国家收入的特别委员会提议邀请伦敦政治经济学院来承担一项关于英国国家整体收入及分配的研究，而来自其他大学的学者，包括剑桥大学的凯恩斯，也参与其中。研究所人员承担了对信贷和货币市场、贸易条例以及商业政策的调查研究，每一项研究都是国际性研究的一部分。这些早期计划的出版成果都出现在战时或战后，大量发表在学术期刊的文章也是如此（Jones 1988:37—38）。

战争于1939年9月爆发时，NIESR成员进入了政府部门，与基于大学的战争协助工作一起，这意味着必须放弃或搁置一些研究计划。虽然困难重重，但研究所在战争期间承担的工作仍涵盖了人口研究、国家健康保险研究、地方税收问题、疾病死亡率的地域和产业分布以及战争对货币市场和银行业的影响等方面。研究所内部的研究计划沿着两条主线发展：第一条是具有即时重要性的调查研究，包括英国税收负担、对储蓄和支出的调查、特定产业的工厂分布和规模、殖民地财政、苏联经济学和欧洲战时经济；第二条活动主线是推行针对经济运转的量化调查，主要探查领域为国家支出、产出与收入（Richard Stone）和生产力、价格及利润（Laci Rostas）。战时其他活动还包括准备经济和社会变化周记，以及注册社会科学领域的持续性研究。

战争临近尾声，研究所未来研究的大致轮廓已然确定，他们采取行动保证了接下来数年中的财政支持。他们认识到NIESR之前研究的某些主题已由政府部门接手，后者可以倾注更多的资源。举个例子，1945年下半年，行政人员就准备了一项不列颠经济调查（Economic Survey of Britain）（Carncross 1985:320—321）。从这个意义上讲，讽刺的是，政府采纳了NIESR寻求来自经济学家的专业性帮助的观点。这反而提出了一个问题，即这样一个独立机构是否还有其存在的必要性。

另一方面，战争加速了统计学研究的扩展，官僚机构的规模随着和平的恢复而缩小，许多战时招募的人员都离开了政府。政府部门、学者和商人都提供了新的研究建议。执行委员会决定将资源集中于一定能有所收获且与大学研究部门没有过分重合的领域。与此同时，人们一致同意该领域的研究工作不再接受外部机构的委任。被选定的领域是国家经济结构及其生产力，特别关注点是财富的创造及加速该过程的方法（Jones 1988:40）。

战争期间，正如在政治经济计划署的案例中提到的，政府部门之间建立起了密切的联系，这是一种互助关系。在艾德礼政府用系统规划理念玩花样的时代，在贸易部的帮助下，对价格、成本、分配和生产力的统计学调查成为可能。紧跟20世纪30年代类似法案的脚步，1945年和1950年颁布了《工业再布局法案》（Redistribution of Industry Acts）（见第一章）。其他的研究计划受到了来自卫生部、劳工部、粮食和农业部、国内税务局和邮局的支持。这十几年同样见证了国内外学术界联系的加强；与政治经济计划署相同，NIESR对国际趋势和比较研究的兴趣愈益浓厚，并与美国、法国、瑞典和荷兰的研究机构建立起联系。此外，NIESR在战时还从国外招聘了数位经济学家，尤为值得注意的是托马斯·巴罗夫（Thomas Balogh），他后来在哈罗德·威尔逊麾下任内阁经济顾问（Jones 1988:40—41；Robinson 1988:64）。

20世纪40年代，因战事而耽搁的研究计划大多都完成了。关于国家收入和支出的研究工作（由理查德·斯通[Richard Stone]和德里克·罗[Deryck Rowe]负责）进展顺利，并将在不久后以六卷报告的形式发布，NIESR和剑桥大学应用经济学系联合提供赞助（斯通为总编，在就职于战时内阁秘书处的经济部门期间，他设计出一套新的国家收入会计体系。Hennessy 1990:104）。1946年启动的大部分计划也都几近完成，其中值得注意的是对分配和建筑工业的调查，以及一项关于英国战时经济经验教训的研究。研究所启动了两项新的研究计划，一是又一项针对工业布局的研究（邀请贸易部承担，并由其出资，迅速形成了第二部工业再布局法案），另一项计划则与迁移有关。然而在这之前，对于执行委员会来说，NIESR将明显受益于一名董事长的额外推力——该位置自战争爆发以来一直空悬。1949年，亨利·克雷爵士离任委员会主席，汉弗莱·迈纳斯（Humphery Mynors）与奥斯丁·罗宾逊被任命为联合主席，开始筹集必要的资金。1951年，洛克菲勒基金会提供了一笔奖励拨款，具体目标是任命董事长（由于在"节衣缩食"的时代需要缩减公共开支，所以财政部的路走不通了）。1952年，布莱恩·霍普金（Bryan Hopkin）在行政部门的批准下接过了这一任命——这种安排将在接下来的岁月中不断重演。接下来数年，NIESR的研究计划覆盖了若干新领域，而自1941年来就维持10人左右不变的研究人员数量也上升到了16名（Jones 1988:42）。

1953年，丘吉尔政府规划马歇尔援助计划的配套资金，以推动生产力的提高并刺激竞争，其中一项资金分配就是为了将研究延伸到影响经济效率的因素。以此受到资助的研究项目之中有几项归属于NIESR，包括针对业务集中度的详尽的逐产业研究、关于英国工业体系的专业研讨会、评估工业资本发展的研究和对于美国反托拉斯法的研究。其中对美国反托拉斯法的研究报告由艾伦·尼尔（Alan Neale）撰写，后来成为NIESR最畅销的出版物之一。研究者们在社会研究领域同样也进行了一些尝试，但像从前一样，人们仍提倡"将调查研究限制在经济那一面较为重要的社会问题，尽管有些问题中的经济因素并非主导"（Jones 1988:42）。研究者们针对工业和商业管理人才的招聘做了进一步调查，希望能使人们对社会流动性问题有新的认识。一项针对国民医疗服务制度成本的研究以其他国家的卫生保健制度为镜，考察了这些花费的实际效果。

自从建立之初，NIESR的工作就致力于长期趋势的分析，而这种侧重在1953年针对资本和工业布局的新研究出现之后依然如故。1954年，关于英国战时经济经验的研究启动，其目标是考察一切与各种层次的就业、通胀和收支平衡有关的因素，并且（尽可能地）评估它们各自的影响力。克里斯托弗·道（Christopher Dow，暂时从财政部借调而来）承担了一项关键研究，其研究结论是政府政策在推动"充分"就业方面取得的成功，比加快经济发展方面的成就大得多，然而前者目标的长期持续性有赖于后者的良好记录。道随后的著作《英国经济的管理，1945—1960》（*The management of the British economy 1945-1960*）于1965年出版，该书被大多数英国大学视为经典著作，售出13500本（Jones 1988:43）。

《经济评论》及其他计划：1955—1974

1955年，NIESR的方向发生了重大变化。道和霍普金都有财政部的工作经历，两人感到关于经济政策的知情辩论的缺乏，使得大臣和公职人员对公共意见的影响程度非常有限。对充分就业政策的追求促使了政府内部经济预测的发展，并且发布于官方《经济调查》（*Economic Survey*）的年度评估也在很大程度上定下了政府政策的基调。在政府本身之外没有公认的专家机构，因此也几乎没有可以与政府分庭抗礼的影响力；NIESR二战以来的多数工作背后都有公职人员的身影，而将研究放在更加系统性的基础上也说得通。1953—1954年，道和霍普金制定了一项计划，在此计划中，NIESR应当发布预测、定时报告经济状况并通过向经济行为研究集中资源来巩固这种评估。该提议受到罗伯特·霍尔爵士（后来的罗伯特·霍尔勋爵）的大力支持，这位政府经济顾问同样认为应有政府之外的人对财政部的分析提出挑战，因为政策建议正是基于后者。这一行动的一个可能原因是财政部正开始接受NIESR的信条，即英国相对较低的经济增长需要紧急纠正（Lereuz 1975:87）。霍尔向约翰·伍兹爵士（Sir John Woods，时任NIESR主席）建议研究所设立宏观经济学和短期国家收入预测小组。他还宣传了另一个观点：应将公职人员暂时借调到研究所工作——该观点既能够提高NIESR研究成果的质量，又能抵消经济学家在财政部内部被"制度化"的趋势。

然而，执行委员会有所担忧，认为不应以损失长期调研的代价来转向该活动领域，于是他们草拟了一项工作计划，并开始寻求财政支持。福特基金会提供了10万英镑的奖金，从1957—1962年分五年发放，这基于一种理解，即NIESR将设法增加英国国内的收入来源，并且该计划将在1962年之前由英国财政全面支持。然而，20世纪60年代初，NIESR的常规出版物《国家研究所经济评论》（*National Institute Economic Review*）开始遭遇资金问题。研究所本来决定将该刊的定价置于足以覆盖印刷和销售成本的层次，目的是实现最大化的流通（Hall 1969:4）。研究所同样没能从企业获得足够的资金以取代福特基金会的拨款和计划必需的收支平衡。洛克菲勒基金会从1959—1964年分五年拨款6.5万英镑，却仍显不足；虽然这笔拨款将一小部分短期预测和分析包括在内，其主要对象还是新的计划（Jones 1988:43）。

1960年，NIESR向财政部发起求助；1961年秋，财政部同意伸出援手。研究所与财政部一致认为向撰写《经济评论》相关的现实工作中直接使用政府资金是错误的（因为这会使人们质疑研究所的独立性），所以财政部在1961年向两项研究计划提供了一笔为期三年的奖励金。这两项计划之一是对长期发展和支出进行研究，另一项是社会支出研究。财政部和NIESR的关系变得十分亲密，以至于麦克米伦当政时期的历史学家称NIESR为"半自主的经济预测机构"——他也将研究所的成立时间追溯到1961年（Lamb 1995:94 note）。

1962年，罗伯特·霍尔爵士从奥斯丁·罗宾逊手中接过NIESR主席之位。在接下来的一年中，霍尔向企业发起了新一轮的恳求。自1959年以来一直在减少的，来自银行、工厂和保险公司的合同和捐助增加到了一年3.4万镑的水准。然而，虽然财政部的拨款和企业的捐助都有帮助，但研究所还是没能解决《经济评论》的财政问题，这在60年代初成了研究所的一块心病。实际上，在起步阶段，研究所只能利用自己那稀薄的资源来出版《经济评论》（Jones 1988:44）。

第一期《经济评论》出版于1959年1月，其目标是评估当时英国的经济发展以及可能的世界经济整体趋势。这一期《经济评论》包括对事件的评价和一些对政策选项的暗示，并未直接推荐具体特定的方法。1961—1962年，贬值（霍尔鼓励第一届艾德礼政府采取的措施，近来他又以国家经济顾问的角色重提）和收入政策都作为可取措施出现在该刊上；用一位杰出的金融记者的话说，研究所因这项建议而"被口水淹没"（Brittan 1964:282）。虽然各方对其政策有诸多批评，财政部仍在二十世纪六七十年代为背景研究计划提供资助，"对它有可能在给对手提供武器的想法，财政部从未表现得畏首畏尾"——哪怕有时，比如1964年大臣莫德林（Maulding）没有采取充分行动来平息经济暴增，财政部都将有足够的理由去抱怨，因为哈罗德·麦克米伦敦促上一年预算快速扩大时，用的正是NIESR的预测成果（Jones 1988:44—45；Stewart 1978:17—18；PREM 11/4202）。

20世纪60年代早期，NIESR发起了新的研究计划，针对创新和技术发展对英国和其他欧洲国家经济发展的作用、城市发展的成本、职业体系的变化和英镑区的出口等问题。在其他活动中，NIESR成员为雷德克里夫委员会针对货币体系的工作提供了证据。1962年，NIESR向国家收入委员会（National Incomes Commission）提交建议，该委员会由哈罗德·麦克米伦设立，作为其计划经济政策的一部分，NIESR的建议导致委员会放宽了目标工资范围，使其上涨了3到3.5个百分点（Jones 1973:51）。研究所同样对保守党政府新的（也是短暂的）意见氛围做出了应对，他们于1961年举办了两场会议，讨论法国的计划手段，并与法国的计划权威合作；政治经济计划署的小册子随后讨论了这两场会议（Sandford 1972：48，见第一章）。虽然政治经济计划署和NIESR这两家源于同一时段且成立原因相近的机构在功能上各有千秋，但这次合作却预示着他们对社会和经济问题的解决途径在接下来三十年仍将是互补的。

1965年，大卫·沃斯威克（David Worswick）接替克里斯托弗·桑德斯（Christopher Saunders）成为董事会主席。与前任不同，沃斯威克具有学术背景，而非公职人员。1965年到1982年，在他的引领下，NIESR研究计划的重心继续偏向英国经济，与世界经济环境相关的计划偶尔有之。全职研究人员的规模在22个到28个之间摇摆，而拥有大学教职的兼职顾问的数量在4个到8个之间。遵循执行委员会的决定，研究所的宏观经济学研究继续占据其活动的半壁江山，与此同时其工业计划也大为加强。这两种主要计划范畴之外的许多项目也有人开始研究了。会议的主题延伸至英国收入政策和中期预测。研究所已然成型的、向政府和议会委员会提供证据的惯例依然延续（Jones 1988:46）。

与此同时，NIESR也开始探究改进经济预测方式的途径。进一步提升预测能力的需求十分明确，但研究所在这方面的努力是否有所回报却仍然存疑，尽管一项1974年的研究表明，NIESR在1963年到1971年间对收支的预测实际上比手握更好资源的财政部要强得多。另一项发布于1970年的研究表明，1963年到1969年间的预测也没比单纯地假设来年数据与今年一样强到哪儿去（Stewart 1978:147）。用罗伯特·霍尔警觉的话来说："最难预测的便是我们现在在哪儿。"（Cairncross 1996a：36）

这一时期，NIESR讨论其预测结果的政策含义的惯例得以延续。工党政府于1967年将英镑贬值之后，人们认为需要维持英国的竞争优势并限制在那之后的收入增长，这引发了对之前工资和价格管控的检视。研究所担心这似乎最多只能暂缓通胀。从1969年到1972年，研究所的注意力被拉回产出和生产潜力之间的空隙，他们提出了一系列微调购买力的倡议，以使经济慢慢回到他们想要的道路，避免发展过热的风险。NIESR的观点与1971年之后希思政府的发展政策一致，并且为其提供了强有力的论证（Cairncross 1996b:118—119）。

1970年，研究所在工业体系和竞争政策领域开启了新的工作，之后又就英国工业自1935年以来的合并和集中的作用发表了一系列不定期论文。研究所在该时期承担的社会问题研究计划包含了1970年对英联邦移民的研究，该研究对政治经济计划署在60年代做的调查做了补充（见第一章）。NIESR的研究评估了其研究对象的经济影响，得出的结论是不能将工资低迷、产出减少的现象归因于移民；然而，有些社会成本体现在未来，故阻止移民人口过度集中的政策也是必要的。20世纪70年代早期，NIESR同样开展了对贫困和养老金的研究。

1971年，弗兰克·布莱卡比（Frank Blackaby）作为副董事长回到NIESR，并且负责了针对20世纪60年代英国经济政策的研究。这接续了克里斯托弗·道截止到1960年的工作——从1971年的修正性视角看来，那几乎是黄金年代。研究成果提供了对1974年之前时段的详尽分析，覆盖了经济政策的方方面面。根据布莱卡比的概括性（也是意料之内的）评价，从这些年中得出的重要教训就是频繁变更和颠覆政策具有破坏性的效果——暗示凯恩斯的经济思想因选举而被腐蚀了。第二条经验是将充分就业与令人满意的收支结合起来的难度越来越高了。布莱卡比同样探讨了英国式的集体磋商导致工资过分增长的趋势，以及需要构思一个可以接受的收入政策来应对该问题——在爱德华·希思的保守党政府不成功的尝试之后，政府无须被过多提醒。布莱卡比总结道："为一个制造业部门相对低效且收支体系未经改革的国家设计合适的政策，其中的问题仍未解决。"——当然，这一困难的言外之意就是需要预测性组织的工作，同时也需要国家整体的努力（Blackaby 1978:652—655;Jones 1988:49）。

竞争、货币主义与衰退

石油价格的上涨是20世纪70年代中期的主旋律——在60年代的经验教训面前，这场风暴被适当消化。NIESR的研究计划，尤其是与《经济评论》有关的研究，反映了这场危机，此外他们还承担了两项受到独立资助的计划。20世纪70年代后期的关键词是货币主义的崛起和经济衰退的开端。《经济评论》的统治性地位开始动摇，包括伦敦商学院的《经济前景》（*Economic Outlook*）和《剑桥经济评论》（*Cambridge Economic Review*）在内的新出版物层出不穷，支持它们的是不同的预测模式或新的学说。NIESR在此时愈发被描述为"凯恩斯主义的"，而在那之前货币因素早已被引入其预测模式。自20世纪60年代以来，人们承认仅通过财政和信贷政策来管理经济是不够的，《经济评论》认可这一观点；尽管承认该问题，然而在完全变化了的经济世界中，NIESR的形象还是无法免于发展效应衬托下的过时。布莱卡比的著作尤其被"共识"政治的对手看作对NIESR本身政策失败的冷酷报告。与许多其他期刊一样，《经济评论》的订阅数于1979年开始减少。这种减少发生于所有订阅用户，但占比最大的一部分似乎与公共部门的经济驱动有关。随着英国滑向20世纪30年代以来最大的经济衰退，哪怕向该刊拨一小笔部门预算都似乎有悖常理，因为该刊只是重复刊登坏消息，而公职人员在日常工作中对这些东西再熟悉不过了。

该时期《经济评论》上的文章仍然映射着当时的问题和政策。石油危机导致来稿建议英国通过国际协议来循环利用阿拉伯的资金，并且向发展中国家提供援助；然而几乎是第一次油价上升一开始，希思政府就开始如此行动了。期刊文章提醒政府注意：对于石油价格上涨反应过度以及阻止失业增长的行动需求，会导致通货紧缩，但政府更关心通胀并于1973年12月大幅度地削减了支出。1975年，英国经历了二战结束以来最严重的经济衰退，《经济评论》也做出了创刊以来最令人沮丧的经济预测。自1977年起，北海油田开始产油，《经济评论》提出应当

"管控"汇率以"在北海油田无法掩盖英国制造业的衰退之时，维持石油之外的竞争力"。第一届撒切尔政府在货币主义的启发下决定提升汇率，目的是阻止外汇的流入使货币供应过度膨胀，而基于这将导致出口竞争力降低和更严重的进口渗透的理由，这一决定备受谴责（Jones 1988:53）。强调了旨在协调汇率浮动的规定——这一问题无疑最终导致了玛格丽特·撒切尔首相生涯的终结，并在六年后引发了保守党政府的崩盘。

1976年，NIESR举办了一系列会议，主题是国家和国际经济政策的重要问题，这个点子取自布鲁金斯学会华盛顿州分部以及相应的经济活动论文集。然而，NIESR系列更为温和中立，部分是因为他们不可能筹集与布鲁金斯学会等量的资金，也就难以获取等量的资源（Jones 1988:54）。1976年之前，NIESR只举办过临时会议，一次性的会议涵盖的主题包括收入政策（1972年）和中期建模（1973年），两次会议都以著作为最终成果。经济政策论文集系列名下已出版了三部书：《去工业化》（*Deindustrialisation*，弗兰克·布莱卡比[Frank Blackaby]编）、《英国贸易与汇率政策》（*Britains' trade and exchange rate policy*，罗宾·梅杰[Robin Major]编）和《需求管理》（*Demand management*，迈克尔·波斯纳[Michael Posner]编）。大约在同时，不断恶化的经济和政治环境引发了一种感觉，即研究机构之间应有更多的合作，于是NIESR，政治经济计划署和皇家国际事务研究所的理事们决定加强联合行动。这一部分是对在伦敦建立经济和政治研究中心的提议的回应。该中心的意图是帮助"政治家、商人、管理者、专家和学者……理解二十世纪七八十年代世界经济、社会和政治的窘境，以及英国在其中的面貌"（Dahrendorf 1995:490）。这一提议虽是好意，但在当时却有一个问题，即在专家形成深思熟虑的意见之前，环境极有可能已经变化——决策者必须在得到反馈之前采取行动。

20世纪80年代初，通胀开始退潮，失业率上升，舆论仍然表达着对产出水平的担忧以及适度扩张以改善就业前景的需求，但政府却走上了另外的道路。乔弗里·豪（Geoffrey Howe）于1981年预算中介绍的中期金融策略（Medium-Term Financial Strategy，MTFS）受到了NIESR的强烈批判。这显然不会使财政大臣、中期金融策略设计者奈杰尔·劳森（Nigel Lawson）感到愉快，他对NIESR预测1983年经济依然停滞感到不满（Lawson，1992:280）。在需要公共资助以维持活动全面运转的档口，NIESR踏入了一个危险的领域。

实际上，在罗思柴尔德于1982年初着手调查社会科学研究委员会时，对于财政的忧虑就已然产生。有流言称时任教育大臣的基思·约瑟夫爵士（Sir Keith Joseph）希望废除该委员会。调查的概要大致反映了委员会工作的规模和性质。对总体的经济和社会研究，尤其对NIESR来说幸运的是，调查建议中包含了一点，即"既不应将其肢解，也不应实施清算，三年内不应将社会科学研究委员会的预算降至1982—1983年的水平之下"。然而，尽管保住了社会科学研究方面的公共资金对NIESR非常有利，但私营部门的资金却远未到位。研究所对公共基金的依赖程度与日俱增，并且在1975年达到了80%的占比，其中一半来自独立的政府部门，另一半来自社会科学研究委员会。与1975—1976年相比，研究所1982年的实际总收入减少了将近10%。然而，尽管研究所减少了许多研究领域的花费，其研究计划依然有序地维持着（Jones 1988:52）。

正如我们在第一章中所见，当时在伦敦的研究机构都担心建立"英国布鲁金斯"的提议将使他们人财两空，但结果是在他们的讨论中诞生了一个更为温和的提议：建立技术变化中心（Technical Change Centre, TCC）。但在1987年，经济与社会研究委员会（Economic and Social Research Council，ESRC，SSRC的前身）决定不再向技术变化中心拨款，为其生命画上了句点。NIESR、政策研究院和皇家国际事务研究所的理事们一致同意考虑在研究计划、集会、研讨会和出版方面合作的可能性。他们磋商的主要结果便是决定（以弗兰克·布莱卡比为总编）拓展NIESR的经济政策系列会议，以覆盖三家机构都有一定兴趣的政策问题，即使该问题对一两家来说兴趣不大。他们从纳菲尔德基金会筹得资金，而以公共政策联合研究（Joint Studies in Public Policy）为主题的系列活动也于1979年启动。1982年年底，他们已举办了七次会议，出版六部著作，研究主题从西方世界的缓慢发展到北爱尔兰的宪政，所有的话题都是时政兴趣和争论所在（Jones 1988:55）。

1982年6月，大卫·沃斯威克退休，研究所理事、前财政部主任安德鲁·布里顿（Andrew Britton）接替了他的位置。在布里顿的领导下，研究所的重心依然是英国经济，但同时也加强了有关世界总体经济环境和欧洲共同体的研究计划，新的计划旨在解释近来经济发展的方方面面。然而资金问题依然困扰着NIESR；关于补充经济与社会研究委员会1983年拨款的磋商只实现了相当勉强的资金增长。1986年与经济与社会研究委员会的争论结果是1987—1991年的拨款被大量削减，因为委员会决定不再资助发表在《经济评论》上的国内经济预测。即便如此，NIESR仍收到了最大的一笔拨款，因为在激烈的竞争之下，大多数研究机构面临着经费缩水。

NIESR继续关注经济因素之间的关系，如国家产出、就业、利率与通胀。研究所的计量经济学模型也对照着新数据或修订过的数据不断更新。鉴于失业率的上升，研究所又开始关注劳动力市场。他们进行了几项工资决定机制的研究，调查了各种各样就业建模的方式。20世纪80年代中期，研究所重拾对收支体系的兴趣，新的研究工作与制造业商品的进出口以及汇率的决定因素有关。在经济与社会研究委员会的支持下，NIESR开始从事世界经济状况预测以及主要国家之间政策合作可能性的分析。《经济评论》仍然包含了对世界经济环境的评析，而NIESR也参与到其他国际研究机构当中，共同讨论恢复美国和其他主要工业国家之间贸易平衡的必要措施（Jones 1988:55）。

《经济评论》继续评估国内外经济状况，并在1983到1984年搜寻复苏的迹象。期刊中只揭示了适度的增长，不足以降低失业率，所以结论是经济前景依然惨淡，而失业率还要再上升一段时间；如果没有积极的通货再膨胀的话，失业率就将保持在战后平均水准之上。考虑到需要改善私营部门的就业前景以吸收新增的劳动力,《经济评论》加入了关于就业和实际工资之间关系的辩论（Jones 1988:56）。1985年初,《经济评论》指出低通胀和高失业率之间的冲突比以往更为尖锐，并且批判中期金融策略过于狭隘浅薄。先前关于汇率波动的成果形成了欧洲汇率机制（European Exchange Rate Mechanism）研究，以其为中期金融策略经济稳定性主张的基础替代——奈杰尔·劳森也在此时开始接受这种分析。对1986年收支的预测揭示了1979年以来首次有所预期的亏空，这也是对英国未来贸易表现和扭转制造业颓势之重要性的警告。加强经济供给侧的措施，尤其是培训、再培训和投资，这种需求被愈加强调。1986年失业率的下降是令人喜闻乐见的，但《经济评论》提出这并不是因为中期金融策略将货币主义视若珍宝，而是因为他们不顾货币主义的影响——该观点在那之后不时被强调（Jones 1988:56；Smith 1987）。当时NIESR的问题在于在一个不那么认同与自身意识形态计划对立的"证据"的政府统治下，仅仅证明自己正确是不够的。

NIESR对相对生产力的研究集中于多个欧洲国家的劳动力技能和机制。他们在英国在相应产业培训中的"落后"也有所观察；市场的严苛或许使劳动力更加温驯，但它不能凭空变出工作技能。这项研究引起了公众的兴趣（得益于电视台4频道纪录片的展现）。研究团队同样考察了学校制度奠定的基础，以发掘教育的哪些方面导致了随后职业资格方面的差异，进而弄清是什么影响了工业生产力和生活水平。1986年，教育和科学部（Department of Education and Science, DES）对该研究产生了兴趣。1987年，西格·普莱斯（Sig Prais）和希拉里·斯蒂德曼（Hilary Steedman）分别受邀加入了政府国家数学课程工作小组和评估方法工作小组。发表了对数学小组临时报告的异议之后，西格·普莱斯因不满而辞职，他在90年代中期依然为NIESR研究英国数学教育的标准。

20世纪80年代，研究所还承担了其他时政热点领域的研究，其中最具话题性的或许是几项关于青年人失业和公共开支的研究。前者的工作目标是描述并解释

1950年以来英国青年失业率的上升趋势，并将其与德、法两国做比较。研究所还承担了一项针对零售分销的特殊研究，旨在发掘之前由女孩来做的许多工作如今为何由成年女性来做。马尔科姆·莱维特（Malcolm Levitt）从财政部借调加入研究所，发起了针对公共开支的系列研究，包括对其过去在英国的发展与其他经济合作与发展组织国家的比较，还有对国防、教育、卫生、法律、秩序和社会安全的发展、效率和生产力的详尽研究，还有某些政府部门和私人企业中生产力管理和评估体系的比较研究（Jones 1988:57）。1983年，克里斯托弗·道作为访问学者重返NIESR，领导了一项关于1965年以来英国宏观经济政策重大事件的研究项目，其重点在于货币政策的作用。

20世纪80年代NIESR承担的其他研究计划包括国际能源政策的比较研究、主要欧洲国家宏观经济政策研究、英国经济长期发展研究、欧洲共同体保护措施类型探析和英国消费商品市场的进口渗透研究。研究所同样开始研究服务行业的产出和生产力变化，尤其是发展尤为迅速的金融服务业。大卫·沃斯威克发起了一项关于英国就业前景的研究项目，考察了实际工资与就业之间的关系，工业变革的影响，地域、职业和产业差异以及宏观经济计划的影响。研究所的另外两项研究项目更倾向于"社会"方面。一个考察了超过55岁人群的就业趋势，尤其是降低退休年龄的趋势。另一个考察了人口变化的经济影响，包括政策变化对出生率和单亲家庭经济条件的影响，也思考了社会对其提供帮助的途径。

小　　结

NIESR于1935到1936年迈出第一步，当时它还被看作一次实验。最初的目标之一事实上在二战之后已被抛弃，因为执行委员会中止了NIESR之外研究的组织和资助。研究所早期的计划充满野心，他们试图覆盖连资源更为丰富的白厅都感到捉襟见肘的领域，而他们选来研究的诸多主题都因战争而变得重要起来。就在那时，政府部门接过了一些测量研究，使得NIESR移向其他领域。NIESR利用了由二战推动的更为专业化的政策制定新方式，拓展了自己的计划并使其适于战后问题的研究。战时与政府部门建立起的亲密关系使得NIESR的成果受人尊敬，而即使在后来NIESR的《经济评论》有时批评政府政策，这种尊敬也依然有效。与工业和城市建立起的联系同样有助于巩固研究所的成果，大量需要特定调查的企业非常乐意与研究所合作。然而，在合同研究型智库范畴（见导言）中，NIESR却是不断下滑的，事实证明它精于赢取研究资金，但其议程也很受何种研究计划可能引资的影响（因此研究所不懈地致力于设计出一个能与财政部的预测方法相抗衡的经济模型，如果能超过就更好了）。

虽然如今已有许多研究机构参与到经济预测当中，但NIESR用经济效率方面大量详尽的统计学研究做了领头羊。其大部分研究工作的特点是在其他国家经验的对照下分析英国经济实绩、经济问题和经济政策，这无疑有助于鼓励一种想法——鉴于宣称"英国的是最好的"政治趋势，这一想法相当异端——可以从国外的经验中吸取教训。NIESR是第一家制造和发布经济预测的机构，其他国家的访客纷至伦敦以了解其目标、方法和组织。

可以用通常的标准（见导言）来评估NIESR对政府政策的影响，但我们也可以得出一些尝试性的结论。与政治经济计划署的案例一样，建立NIESR的动力显然来自20世纪30年代早期的经济危机。在总体不那么愉快的经济顾问委员会的经验之后，部分经济学家自然会支持建立一家独立于白厅的专家机构——也独立于财政部的铁腕。从30年代初起，专业经济学建议越来越被政府所接受——二战期间，大臣们在大学和新兴的智库中寻求人才已是常事。随着和平的归来，昔日的白厅文化完成了自我重建，绝大多数经济学家离开了公职。然而又有一点不同：经济统计和经济预测的重要性似乎已然无可争议。NIESR在1962年对罗伯特·霍尔的聘任便表明了研究所在这方面的成功——尽管霍尔是一名非正统的公职人员，因为他一直认为发展比僵硬停滞的财政健全更为重要。

1964年，萨缪尔·布里坦写到了财政部和NIESR之间的友好对立，宣称："财政部的经济学家和国家研究所的共同之处比全国其他门外汉或经济学家团体都要多。"然而，布里坦同样将NIESR归为"经济左翼"的代表。虽然这一漫不经心的描述的来源者后来又提出"右翼"和"左翼"术语与严肃的政治辩论无关——事实上，与政治经济计划署一样，最好将NIESR描述为进步的自由主义机构——一旦不那么包容的右翼政府于1979年上台，该认知就必定招致问题（Brittan 1964:37,36；Brittan 1968）。NIESR与政府的关系在20世纪80年代初跌入了新的低谷，NIESR在总体上支持经济发展，这与热衷于加深业已相当严重的经济衰退的政府的政策背道而驰。

尽管研究所成立于凯恩斯经济思想引发深层次争议的年代，但（最晚）在二战结束时，其经济专家已表现出对凯恩斯的大致接受；研究所的预测工作被认为是需求管理的基本要素。就其本身而言，研究所从20世纪60年代起经受了其他所有凯恩斯主义支持者都要遭遇的问题：假定的计划失败、石油危机和撒切尔夫人的反革命运动。这段历史触及了NIESR影响力问题的核心。在石油危机之前，迈克尔·史都华宣称："西方政府持续实践凯恩斯主义。"但他是一个高度乐观的信徒（Stewart 1972:296）。继任的政府追求一种腐败的或选举式的凯恩斯主义，不再追随凯恩斯，这导致了令人熟悉的收放式经济发展。甚至NIESR从战后开始在《经济评论》上提供的短期建议也有被政府忽视的倾向，这是由于在大选中维持权力的重要性，政府被劝导避免支持狭隘的权宜之计的长期决策。作为通则，只有当建议与决策者的意图相一致时才会得到关注（cf. Skidelsky 1996）。在这种环境下，白厅内外准确的经济预测——以人类活动的性质而言已然是冒险的举动——变得不再可能。预测未来时，研究所可以考虑过去的错误，却不能建立一个把政府即将犯的错纳入计算的可靠的评估机制——即使那些正在发生的也不能。因此研究所的《经济评论》与其说在履行其本职，即为政府部门决策提供援助，不如说更像是实然和应然之间的矛盾点。至少在撒切尔政府上台之前，大臣和公职人员都在用他们所理解的凯恩斯主义话语来滔滔不绝地进行指责。在对1983年的预测中，NIESR向一名大臣提交了令人不快的消息，这位大臣抛弃了青年凯恩斯主义观点，并为自己的新货币主义信条而沾沾自喜，研究所没有顾及这条消息是否会制造他想要的结果，那么研究所在这一时期的公共资助下降，也就并非巧合了。早在1981年，一位杰出的评论家笔下的NIESR是"凯恩斯主义分析的堡垒"，其"影响力已大不如前"（Gamble 1981:245）。

然而像政治经济计划署和政策研究院一样，NIESR存活了下来。实际上，研究所在20世纪90年代中期之前的状况都颇为健康；1995—1996年间其研究收入上涨了18个百分点（至110多万英镑），此外还有超过5万镑的运营盈余。研究所的年度报告指出，自1978年起，来自公共拨款的收入占比从71%降至31%——这是一个引人瞩目的成就，即使寻求外部资助是冷漠无情的政府强加给NIESR的。自1997年大选起，研究所回到了熟悉的环境中，争论的话语，而非80年代货币主义的单一论调，可以冀望在政府内部找到听众了，研究所的观点很有可能被再次聆听——如果在他们与公认的选举需求冲突时不再奉行的话。这在1997年11月得到了鲜明体现，研究所警告新工党政府正追求着错误的政策，即依赖利率而非增税来控制通胀。这一建议尽管由其他群体的发现和受到高汇率打击的出口商的抗议作为支撑，却并不能对政府产生多少影响，因为政府感到他们是通过保持税收水平的承诺来赢取权力的——不管负责任的大臣们个人是否同意研究所的分析。

就更广泛的意见氛围而言，NIESR的贡献与政治经济计划署和政策研究院一样很难去评价。一位政府内部人士估计：截至1988年，NIESR的研究成果包括了八十部著作以及《经济评论》等期刊上的逾二百篇文章（Jones 1988:58）。然而，对是否所有这些研究都足以提升广大公众对经济政策的理解，我们必须抱有疑问。20世纪30年代早期以来，英国经济辩论的层次不断发展——一名愤世嫉俗者会说至少党派扭曲的复杂性有所提高——而NIESR必须为此负部分责任。这种成功至少可以在某种程度上由模仿来衡量。多年以来，NIESR只是众多经济数据和预测提供者之一。其对手当中值得注意的是财政研究所（Institute for Fiscal Studies，IFS），该所与媒体更为亲近。

但在最近的事件中，NIESR未能全身而退，这将其拉下神坛。20世纪80年代，尽管研究所在某种程度上依赖政府资助，但它也确实指出了政府关键政策的缺点，包括口碑极好的中期金融策略。然而尽管货币主义的影响在更加富裕的东南部也不容忽视，但第一届撒切尔政府仍坚持其既定的路线。我们可以理性地指出，364名经济学家对1981年预算的联名批判并没有在广大公众中产生回响，甚至认为"货币主义"这东西是英国经济困境罪魁祸首的反对者们也不怎么明白其中的牵涉（见第三到第六章）。责备NIESR（以及其他凯恩斯主义观点的代表）未能将复杂的经济问题转述为一般人易于理解的语言——或是让他们产生阅读的欲望——尤其是研究所的观点要与政党的宣传竞争，并且经济并非选民唯一的利益所在时。这样的指责或许过于严苛，但我们仍应记录下研究所的失败，因为我们讨论的对象一直试图保证在最有力的证据之下进行经济决策，它也与经济一同深受朝令夕改之苦，这是由贿赂信息不畅的选民的需求决定的（Blackaby 1978:652）。一些迹象表明NIESR不再对广泛的公众意见有浓厚兴趣；在题为"宣传"（Dissemination）1996年年度报告中，理事长马丁·威尔（Martin Weale）只提到了将研究置于学者、商人和政策制定者视野中的努力。总而言之，我们至少可以得出结论，NIESR实现了建立时定下的种种功能，但这些既定意图都不温不火，而研究所的建立者们所希望的大概是一份在近六十年后更为辉煌的遗产。

第三章　经济事务学会

起　源

正如我们在前面几章所见，在二战之前、期间和刚结束的那些年，关于国家加大经济和社会事务干预力度的观点逐渐在英国流行起来，尽管这种气氛在受到对中央计划思想根深蒂固的抵抗之下有所缓和。在学术圈中，经济自由主义的拥趸和加强国家干预程度的支持者之间的争论向后者倾斜，虽然仍有人表示反对，尤其是伦敦政治经济学院。诚然，凯恩斯主义观点大行其道，这种认知意味着余下的经济自由主义者愈发对政策方向感到幻灭；他们自然会夸大战后集体主义方案的程度。举个例子，弗里德里希·哈耶克，该群体中最为重要的思想家（Gamble 1996），就试图在1944年出版的《通往奴役之路》中强调自己对未来的忧虑。哈耶克提出，在20世纪早些年间，英国就已经迈上了极权主义道路，这一趋势比德国或俄国要更加缓和，然而"在极权主义体系崛起的前些年，这些国家的历史表现出我们再熟悉不过的特点"。哈耶克尤其确认了世纪初政府经济干预的增加，并且提出脱离经济自由而去谈论自由是无意义的。有趣的是，哈耶克将1931年选为英国政府最终放弃自由之路的年份；而如我们所见（第一、二章），几乎是在同一时间，计划的拥趸正在考虑建立独立的团体以敦促更多的国家行动，因为他们对白厅的懒惰感到绝望（Hayek 1962:9）。这是意识形态立场导致个人以完全相反的方式看待政治舞台的最生动的例证。

《通往奴役之路》对英国1945年大选结果没什么影响：哈耶克的仰慕者撒切尔男爵在许多年后指出，他的观点"不同寻常，也不受欢迎"（Thatcher 1995:51）。温斯顿·丘吉尔曾尝试在艾德礼的温和社会主义和纳粹盖世太保之间建立联系，这一名声不佳的行动在某种程度上被归于受哈耶克的影响，而丘吉尔后来告诉哈耶克，他关于极权主义的噩梦与英国的环境毫无关联（Addison 1992:383）。在哈耶克认作传统英国自由终结的年代，丘吉尔发挥了一名自由主义大臣的作用，他不太可能是《通往奴役之路》或其作者的拥趸。然而，还是有少数的经济自由主义学者和政治家同意哈耶克的分析，他们确信自由正受到攻击，迫切需要在思想战场发起反击。正如一位雄辩的作家（年轻的玛格丽特·撒切尔也阅读他的作品）所说："社会主义者教会人们鄙视自由、秩序和公正。"（Brogan 1947:219）这一论断混杂着鄙夷与敬重，象征着市场自由主义者在战后对其对手的奇怪观感。哈耶克本人对于这一问题的困惑清晰地体现在他1949年的一篇文章中，在两页的篇幅中，哈耶克首先将知识分子描述为"对任何事情都不精通的人"，随后他承认"如今典型的知识分子越受良好意愿和智慧的引导，就越有可能成为一名社会主义者"（Hayek 1967:182,184）。

哈耶克认为:"毫不夸张地说,(在给定的社会中)一旦更为活跃的那部分知识分子被转变为一套信仰,那么它们被接受的进程就几乎是自动且无法抗拒的。"(Hayek 1967:182)该进程的发生是因为"更活跃"的知识分子塑造了哈耶克口中的"意见氛围"——"本质上是一套非常笼统的成见,知识分子以此判断新的事实和意见的重要性。"不论哈耶克对知识分子的观点是否前后一致,他的任务还是很明确的——尽可能多地转变更为"积极的"精神,在这之后,"意见氛围"的变化将是"自动而无法抗拒的"。就此观点来看,哈耶克在广义上追随的是伟大的法哲学家A.V.戴雪,后者在1905年写到一种进程:才华横溢的知识分子的思想被"真理的传道者"接受,他们将在之后大幅改变这个国家,然而他们自己的思想是不够的。戴雪继续指出:"主要从环境更迭中出现了一种信仰的变化,世界上(原文如此)大多数人都倾向于聆听一度被常识嘲笑为谬误或悖论的理论。"(Dicey 1905:23)

哈耶克的读者和拥趸中有年轻的英国皇家空军飞行员安东尼·费舍尔(Antony Fisher),当在1945年的《读者文摘》上读到《通往奴役之路》的精简版时,他"个人觉醒的时刻"到来了。费舍尔生于1915年,先后在伊顿公学和剑桥大学三一学院求学。二战期间,他开始关注智识的发展和政界对社会主义的接受程度。读完《通往奴役之路》后,他决定拜访作者,目的是确定哈耶克所想真的是最好的行进方向。哈耶克认为进入政界将是对事件和精力的浪费,他建议费舍尔建立一个学术性的研究机构,以开启改变意见氛围的进程(Cockett 1994:123—124)。

费舍尔是在1947年于伦敦政治经济学院与哈耶克会面的,当时他没有足够的资金创立这样一家机构,尽管如此,他却一直保留着这个想法。比如1949年,他在萨塞克斯的保守党政治中心周末会议上聆听了一次演讲,演讲者是拉尔夫·哈里斯(Ralph Harris)(Cockett 1994:134)。费舍尔深受打动,并在与哈里斯的讨论中提出了建立研究机构的想法。哈里斯前往圣安德鲁斯大学教授经济学时，费舍尔依然在努力经营着自己的农场生意，"他开始了早期的政治竞选活动，针对农业补贴的堡垒，即英国禽蛋销售委员会（British Egg Marketing Board）和牛奶销售委员会（Milk Marketing Board），并且加入了当地的保守党协会"（Cockett 1994:124）。1952年，在去美国参观考察了经济教育基金会（Foundation for Economic Education，FEE）的工作之后，费舍尔的财运发生了转折。在旅途中，纽约伊萨卡的人们向他展示了一种崭新的耕作方式。革命性的肉鸡喂养方法和经济教育基金会的工作都使费舍尔印象深刻，因此"回到英国时，他已具备了建立一家研究机构的财富和手段"（Muller 1996:91）。

关于建立研究机构的现实建议，费舍尔找到了奥利弗·斯梅德利（Oliver Smedley）。他是经济自由主义事业的践行者，并且自己经营着许多自由贸易活动。费舍尔和斯梅德利第一次会面是在一个叫作"个人主义社会"（Society of Individualists，这名字在某种程度上自相矛盾）的组织。与费舍尔不同，斯梅德利属于自由党，但他已经越来越对党派感到失望。因此，当费舍尔带着建立研究机构以检验经济自由主义的理论和实践应用的想法接近他时，斯梅德利持非常开放和接受的态度。实际上，斯梅德利不是唯一一个被费舍尔的事业所吸引的不得志的自由党人。另外的前自由党人包括亚瑟·塞尔登（Arthur Seldon），伦敦政治经济学院学者杰克·怀斯曼（Jack Wiseman）和艾伦·皮科克（Alan Peacock），同样对自由党的政治方针感到愈发失望。1956年，乔·格里蒙德（Jo Grimond）接任党魁，他与激进改革派过从甚密。该派坚持认为自由党不应"避开社会自由主义，而是提出一些能够改善和加强福利国家制度和政策以及管制经济的建议"（Gamble 1983:200）。我们在之前了解到（见第一章）20世纪30年代的自由党确信需要一个干预主义的政府，虽然该党自身几乎不可能重获权力。实际上，由于坎贝尔·班纳曼（Campbell-Bannerman）和阿斯奎斯（Asquith）的自由主义政府在20世纪的前二十年实行了激进的社会改革，自由党至少在五十年内都不再是扩大国家干预的反对者的容身之所，直到经济事务学会（IEA）

的建立。欧内斯特·本爵士（Sir Ernest Benn）是自由市场的宣传者和"个人主义社会"的创始人之一，他于1929年放弃了希望，抛弃了自由党。劳合·乔治（Lloyd George）正是在这一年参选，他的口号是通过政府行动来"克服失业"（Greenleaf 1983:300）。尽管格里蒙德将在20世纪50年代接受自己先前反对的经济自由主义观点，但在短期之内，他的胜利仍被视作一个标志，标志着自由党不再受到操控，不会沦为从前那种精明的商人手中的工具。

保守党的前景也不怎么光明。IEA成立时正是保守党当权，尽管他们加速了工党发起的去国家管控化，但也明显没有将经济完全放给市场力量去自由发挥。新的托利党下院与战前年代的老古董如沃尔德伦·史密瑟斯爵士（Sir Waldron Smithers）和赫伯特·威廉斯爵士（Sir Herbert Williams）撇清了关系，这排除了政党被渗透的可能性。而最有前途的新人是"一个国家"集团成员那样的人，包括伊恩·麦克劳德和爱德华·希思。这些下议员的第一批于1950年入院，他们支持自由企业却也赞同福利国家，并且尽管不同意国有化，他们的批评却是基于实际考虑而非IEA培养出的意识形态信仰。如果他们都读过《通往奴役之路》的话，该书几乎不会像对安东尼·费舍尔那样引发他们的个人觉醒。而研究会将不得不等到下一代托利党人进入议会。这些人太过年轻，没有亲身经历过战前的境况和战争期间国家行动的成功，他们将仅仅记得自己在漫长的配给年代中的焦躁。

由于工党方面显然没什么机会，IEA根据情况维持其对党派承诺的独立性，这与前面提到的PEP相同（见第一章）。由于两个主要政党在1955年5月大选中共计获得了96%的选票（自由党的支持率从0.2%上升到2.7%），经济自由主义的支持者自然会认为整个政治界都在他们的对立面，并且将所有敌人都堆到了社会主义者的名号之下，而这对大部分人来说都是不准确的。自那时起，诞生于这种环境的对抗精神一直是IEA理念的一部分。持有一种其他人都拒绝的理论，这种感觉能够成为一种高效的纽带，即使对顽固的个人主义者来说也是如此。随着对奥利弗·斯梅德利的聘任，经济自由主义者获得了两个关键优势：他允许新协会使用自己的组织、投资和一般管理服务（Investment and General Management Services，IGMS）有限公司的住处和设施；他还提议为新的机构起一个夺人眼球的名字（Cockett 1994:130）。因此，1955年11月，一个名为经济事务学会的合法慈善实体正式成立了。

早　期

IEA的动机与目标在十年的酝酿期中得以发展。斯梅德利和费舍尔接受了哈耶克的建议，即在智识氛围中引起变化是必要的，但这一过程将是漫长的。两人都认为关键是忽略当前的政治环境，并且以其他方式声明协会的独立性。接下来数年间，IEA从为数众多的企业和个人捐助者处得到了大部分核心资金。凭借财政支持来源的多样化，协会试图"降低特定研究结果引起客户抵制的风险"（Ricci 1993:20）。对协会的自我形象来说，通过支持来源的多样化来避免被指责锁定于特定既得利益是非常重要的，这同样使IEA可以在20世纪60年代费舍尔陷入财政困难时存活下来（Muller 1996:92—93）。

1955年11月9日，协会的三名创始理事费舍尔、斯梅德利和后者的同事J.S.哈定（J. S. Harding）碰面签署了协会信托契约和规定。他们很快成立起一个顾问委员会，成员包括三名协会理事、格兰切斯特勋爵（Lord Granchester）（以前是阿诺德·史温生·泰勒爵士[Sir Arnold Suenson-Taylor]）、三名伦敦政治经济学院经济学家（乔治·史华兹[George Schwartz]、格拉汉姆·赫顿[Graham Hutton]和科林·克拉克[Colin Clark]）、金融记者奥斯卡·霍布森爵士（Sir Oscar Hobson）和埃里克·纳什教授（Eric Nash）（Cockett 1994:132）。

外界对新成立的IEA的反应是沉默的。只有一位下议员对协会的建立表现出兴趣，即费舍尔在萨塞克斯的邻居梅杰·弗莱迪·高夫（Major Freddie Gough）

（Cockett 1994:132—133）。然而，1955年7月，IEA正式成立四个月之前，随着由协会委任主办的第一本小册子——乔治·温德尔（George Winder）的《英镑的自由兑换性》（*The free convertibility of sterling*）的刊发，公众已然开始逐渐关注这个新的机构。费舍尔明智地委托一名经济学家为专业话题写稿，目的是保证学术信度；他还把完整版的小册子印了一份交给了一位与自己意气相投的记者——亨利·黑兹利特（Henry Hazlitt）。黑兹利特是朝圣山学社的创始成员。该学社成立于1947年，是宣传哈耶克思想的国际性组织（Hartwell 1995:40）。他在《新闻周刊》"商业浪潮"专栏发表的支持性评论使得这本小册子吸引了更多的关注，这是IEA永远不能忘却的重要一课（Muller 1996:93）。

然而，如果IEA想要生存下去，就必须要找到常驻研究员，并且要开始寻找协会理事长，从兼职开始。费舍尔似乎早已决定好想要的人选，他致信拉尔夫·哈里斯，请他接受理事长的职位。这是一个充满雄心壮志的选择，虽然那时的哈里斯似乎没有担任此职的关键品质。他刚刚撰写了一篇对R.A.巴特勒（R.A. Butler）抱有同情的研究报告，表达了妥协"是开化而敏感的心灵的标志"的观点（Harris 1956:117）。再三确认了这份邀约的严肃性和IEA的初期成功之后，哈里斯接受了任命，于1956年7月5日按时到任。哈里斯与学术界的联系建立于他在圣安德鲁斯大学期间，加上他在《格拉斯哥先驱报》（*Glasgow Herald*）的记者经历，这些都有助于给予IEA知识可信度以及帮助协会赢取经济支持。协会为寻求哈里斯的同伴，他们需要一位编辑主任为协会的出版项目把关。1956年，格兰切斯特勋爵推荐亚瑟·塞尔登承担该工作，后者于次年开始在IEA工作。塞尔登以经济学专业第一的排名从伦敦政治经济学院毕业，师承莱昂内尔·罗宾斯（Lionel Robbins）、阿诺德·普朗特（Arnold Plant）以及最重要的哈耶克。塞尔登相信，经济自由主义事业最好伴随着带有学术严谨性的经济分析应用，同时"不能用多余的经济术语来制造混乱和困惑"；就IEA的目标而言，这是最完美的结合（Muller 1996:94）。

哈里斯和塞尔登领导下的IEA的第一份出版物是《自由社会中的退休金》（*Pensions in a free society*, 1957）。这本小册子由塞尔登执笔，当时工党是反对党，他们正在计划扩大国家退休金体系。小册子提议逐渐结束这种体系，并最终以个人和私有退休储蓄取而代之。小册子突出了IEA至少直到20世纪70年代的策略，即聚焦于微观经济问题，而非应对时兴的宏观经济共识。该策略使得经济专家能够追求特定兴趣领域的学术严谨性，同时将当时的经济问题暴露于市场分析之下并提供解决方案（Muller 1996:94）。

通过确保其出版物，尽管大部分内容由专业经济学家撰写，风格和格式都更易被学生、学者、记者和政客接受和理解；还制作便宜又短小的册子——平均约1万到1.5万的字数——IEA明确地将工作指向了尽可能宽广的市场。除了哈耶克和弗里德曼（Friedman）之外，通过IEA发表作品的专业经济学家很少是天生的作家。实际上，考科特（Cockett）指出，通常是塞尔登使他们的作品"能够被非学术读者群体所理解"（Cockett 1994:142）。

IEA早期出版物的意图是在流行的经济政策问题争论中产生影响。就绝大部分而言，例如《自由社会中的退休金》和《自由社会中的广告业》（*Advertising in a free society*）这样的小册子是由协会内部人员撰写的，他们往往很难找到协会之外的作者和撰稿人。然而，在IEA成员助力组织了1959年朝圣山学社会议之后，这一问题得到了缓解（Desai 1994:46）。事实上，1959年会议（于牛津大学举办）证明了有原则的个人主义者之间合作的困难程度；会议在学社内部激起了愤怒的争辩，几乎将该学社毁于一旦。然而IEA背后有哈耶克，他们站在了胜利的一方，也使IEA树立起了在国际自由市场论者当中的形象（Hartwell 1995:107）。

德赛（Desai）认为，宗派主义信仰的纯洁性对IEA相当重要，且"他们在选择作者和主题时具有一套详尽而复杂的制度"（Desai 1994:6）。德赛对于"详尽的选择制度"实践过程的论述代表了一种重要观点，与内部人员"IEA本身不持有共同观点"的声明（如穆勒这样的外部观察者也会重申）相对而立（Muller 1996:89）。用德赛的话说，IEA的编辑政策：

> 首要是找到在讨论的主题上与其意见至少大致相同的人。协会要求他们提交一份文章摘要，表明他们的作品涵盖范围。顾问委员会成员通读该摘要并就内容和方法做出评论，提出建议，即他们想要"添加"到文章中的东西。就塞尔登的个人经历而言，这样总能成功地使来稿更加接近IEA的观点。根据塞尔登的记忆，只有两次是观点分歧过于巨大，以至于协会拒绝出版。每份刊物的前言也表明了IEA与文本的差别。因此IEA的成功之处是以集中而可辨的形式引导与整合本应殊途的干预方案，因为它们来自彼此之间没有明显意识形态联系的、各种各样的理论方向（Desai 1994:46）。

此外，IEA有意识地聚焦于微观经济学及其对宏观经济学的明显鄙夷也可以被看作德赛描述的"对不合口味的观点进行过滤"（Desai 1994:46—47）。IEA偏爱清晰的论述，这有助于筛选过程；塞尔登极力主张"经济学真的完全是常识"，他也强调或许可以毫无难度地用日常语言表达经济学，这意味着"不仅优秀的书面写作，而且在某一视角看来不够常识化的作品都可能被筛掉"（Desai 1994:46—47）。尽管这一策略并不意味着IEA的所有作者都是千篇一律——实际上他们几乎不会这样，20世纪80年代的事件证明，即使那些一致同意自由市场价值的人们也很容易互相争辩——但IEA对于"常识化"的观点却有着明确的限制。一位向IEA投过稿的作者讽刺地指出："作者当中缺乏一眼可辨的社会主义经济学家。"（Culyer 1981:106）

20世纪60年代

1960年，IEA出版了第一篇霍巴特论文（Hobart Paper），据称贝斯尔·亚米（Basil Yamey）的这本《转售价格的维持与顾客的选择》（*Resale price maintenance and shopper's choice*）具有"立竿见影的政治影响"（Cockett 1994:145）。亚米是一名伦敦政治经济学院的南非籍教授，他与亚瑟·塞尔登一样师承阿诺德·普朗特，他为废除维持转售价格（Resale Price Maintenance，RPM）摇旗呐喊。该制度通过调整商店价格来组织大零售商压榨所谓街角商店的售价。亚米提出，商店售价方面的市场自由每年可以为消费者节省1.8亿英镑，物价也将降低5个百分点。然而，真正使亚米的文章成为头条的是他估计维持转售价格的废除将每年为每个英国人省下310英镑。全国性报纸和商业杂志都对亚米的文章做了广泛的评论。与之前IEA的刊物一样，这本小册子的出版时机正好与公众对该主题的辩论一致，这保证了其影响的最大化（Cockett 1994:146）。

事实上，维持转售价格是在1964年被霍姆政府废除的。贸易大臣爱德华·希思推动了相关立法，他在同年的一次IEA午餐会上表示，IEA是该政策重要的灵感源泉（Muller 1996:94）。考科特认为："如果我们相信安东尼·费舍尔所说的希思告诉他……废除维持转售价格法案的艰难过程全是亚米的错，那么亚米至少对这迈向自由市场的一小步做出了一定贡献。"（Cockett 1994:146）然而由于哈罗德·威尔逊在贸易部实施的战后定额制，废除维持转售价格的皮球却在白厅中被踢来踢去——根据IEA的宣传，集体主义态度正是在这时使英国的自由陷入危机的，这显得尤为讽刺。在希思法案的预备阶段（这在保守党内部引起了大规模的争论，并常常被认作该党在1964年大选中失败的罪魁祸首），他收到了一位下院议员的提案，而在提出废除的观点时，他打压了贸易部前任大臣弗里德里希·埃罗尔（Frederick Erroll）。怀着重振哈罗德·麦克米伦现代化道路的决心（麦克米伦之后的霍姆时期，这条道路有些黯淡），希思有着明确的政治动机去采纳相应措施而不管其确切来源为何（Lamb 1995:214—216）。在1964年1月9日向内阁提交的文件中，希思参考了消费者委员会的观点来作为得出自己结论的一个要素。内阁大臣雷金纳德·莫德林（Reginald Maudling）提到了一项存在已久的垄断委员会的调查，表达了对希思的支持。任何内阁档案中没有出现IEA的名字（PREM 11/5154；CAB 129/116/1）。这一时间太过混乱曲折，所以我们很难确信无疑地将废除维持转售价格的法案追溯到IEA。

由于本书中之前考察过的原因（见第一章），对智库对政治思考和政策进程之影响的评估是天生就存在问题的。实际上在IEA的案例中，我们认为评估其对政府的思考和决策的影响是非常困难的，这是由于协会"较少提供实际解决方案和执行方式，而是设法改变政府思考的氛围"（Muller 1996:95）。协会的重要受众是（也一直是）那些有助于构建政策制定环境的人，而非担负着日常决策责任的人，前者即"那些教与受教的人与那些意见'有一定分量'的人——具有政治意识的知识分子"（Culyer 1981:117）。然而与此同时，最新的研究确实洞察到了政府官员对IEA在20世纪60年代早期工作的回应，也注意到了至少在协会早期历史和许多出版物中出现的缺陷（Muller 1996:96）。

从一开始，IEA就发布了许多研究报告，这些报告基于实证研究和经济分析，导向了政策建议。例如1959年，哈里斯和IEA新雇员迈克尔·索利（Michael Solly）承担了一项对大型公司的调查。然而发表于1963年的《福利的选择》（*Choice in Welfare*）却更为有趣，也在许多方面更为重要。报告提出，市场研究的结果证明"大多数成年男性支持将公共福利向集中于需求者利益的方向转变，并为希望得到福利的人制定私人发展方案"（Muller 1996:95）。1963年8月，高级文官理查德·"奥托"·克拉克（Richard "Otto" Clarke）似乎读到了这份报告，他与财政司司长约翰·博伊德-卡朋特（John Boyd-Carpenter）一起开始对报告结果进行调查。卡朋特在1963年10月24日的一次会议上提出他对报告的结论不怎么热衷，但克拉克却对人们能够而且应当为公共服务付费的观点抱有同情。然而，数个部门的回应都充满了敌意。例如卫生部（经济自由主义者与IEA的朋友伊诺克·鲍威尔于1963年10月离开此部）甚至没有对报告做出书面回复，而教育部斥之为与"半个世纪的历史"相对立（转引自Muller 1996:96）。

然而，通常最热衷于削减支出的政府部门就是财政部自己，这导致了对IEA报告最为猛烈的批评。财政部提出，普遍福利体系从选举上讲是受欢迎的、公平的、高效的。它认为IEA报告没有考虑到"搭便车"（free riders）的危害，因为如果允许个人拥有退出国家保险体系的选择权，那么有些人将无任何贡献，却继续依赖于国家计划。财政部同样认为凭证制度和医疗卫生私人保险体系将无法为长期病患提供保障。财政部更看好教育凭证制度的建议。然而与此同时，它指出引进这种制度实际上为孩子已经在上私立学校的家长提供了一种"补贴"（以减税的形式），因此在现有的开支基础上增添了一笔重担。同时财政部认为这份报告应当自我谴责，因为其结果依托的研究没有达到充分的广度，或学术严谨性不足。简言之，IEA提供的证据"被认为不具有足够的水准来引起任何变化，并且强度不足以对抗庞大的政治反弹；如果提议选择性福利政策的话，政治反弹是一定会发生的"（Muller 1996:96）。对政治经济计划署这样的机构来说，这些结果会令他们很受伤，但对IEA来说这仅仅使他们确认了财政部跟其他的政府部门一样，被"一套非常笼统的偏见"所感染，不支持经济自由主义，必须继续斗争以改变这种意见氛围。

1964年英国大选的结果是保守党政府大败，为从前的政府成员和新的保守党下议员提供了重新思考其观念和政策的机会。虽然IEA在这时对保守党的影响依然有限，但许多年轻的议员，包括乔弗里·豪和基思·约瑟夫爵士，"来到了IEA的门前。他们对大选的失败感到沮丧，前来寻求经济学教育"（Cockett 1994:167）。截至此时，IEA的出版物已经大为拓展，包括二十八篇设法为长久以来的经济问题提供市场解决方案的霍巴特文章，他们认为高校很少考察这些问题。然而，虽然豪、约瑟夫和（至少这时的）伊诺克·鲍威尔都被视为保守党的新星，但该党的领导集团依然认为IEA倡导的经济自由主义是脱离主流和时代的。实际上，新党魁爱德华·希思和他的影子财相伊恩·麦克劳德都是"一个国家"集团的老牌成员，他们仍然从解决问题而非传道的视角来接触了解经济学。

虽然保守党的对手没有什么接受IEA倡导的经济自由主义的迹象，但是具有保守倾向的媒体确实开始向经济自由主义倾斜。《每日电讯报》（*Daily Telegraph*）的新编辑莫里斯·格林（Maurice Green）对IEA的理念和分析表现出了浓厚的兴趣，他被手下工作人员约翰·奥沙利文（John O' Sullivan）称为"一位非常坚定的经济自由主义者"（Cockett 1994:183）。格林不仅招聘新一代的经济自由主义记者，而且为IEA成员留下了最好的版面。仅亚瑟·塞尔登一人就在20世纪60年代的《每日电讯报》上发表了逾六十篇头版文章（Cockett 1994:184）。IEA还受益于不那么正式的联系，由于其办公地点临近威斯敏斯特，对其抱有支持态度的议员常来吃午餐。这一策略的潜在益处远远超过了其成本；议员们在意气相投的氛围中享受着美食，这些拜访了IEA的人们在回到下议院后很有可能成为协会的招聘代理。

1964年，IEA以《英国的重生》（*Rebirth of Britain*）为题出版了由记者、学者和政客撰写的论文集。这是在有意识地与企鹅出版公司刚刚出版的系列丛书针锋相对，该系列指出了许多英国机构的缺点。鲍威尔在《英国的重生》的撰稿人中尤为显眼。这一论文集的标题和内容都表示IEA是许多末世论者的希望之源。随着哈罗德·威尔逊领导下的工党政府开始推进麦克米伦发起的计划实验，IEA被视作另一条令人神往的道路之代表，人们可以忽视其意识形态色彩大多来自前几个世纪的写作或是不同的政治和文化背景。一些右翼保守党人，尤其是在1966年被希思解除影子殖民大臣职务的安格斯·莫德，开始呼吁重新思考保守党的哲学；只有IEA看上去具备激进的理念，他们也终于开始行动起来。比如1965年，协会发表了对于工党国家计划的初步评估。这篇文章由约翰·布伦纳（John Brunner）执笔，被《经济学人》描述为"对经济事务部向企业家分发以助力前者计划的笨拙的综合问卷进行了腐蚀性的考察"（转引自Muller 1996:98）。布伦纳的攻击得到了经济事务部副部长奥斯丁·阿尔布（Austin Albu）的回应；这种干预总是更有可能为智库带来声望，而对政府没有什么帮助。正如我们（在第一章中）所见，发起这一计划的背景是不容乐观的，计划也很快被画上了句号。不管这一失败的确切原因为何，在（又一次大选失败的）保守党极其需要好消息时，IEA的攻势是一则可靠的预言。1965年，协会（在其他事情之中）使人们注意到了国家经济和社会研究所在小册子《中心预测的教训》（*Lessons from central forecasting*）中预测未来时（见第二章）经历的问题，协会在1969年重新对计划的知识基础进行攻击，出版了薇拉·卢茨（Vera Lutz）的《市场经济的中央计划》（*Central planning for the market economy*）。即便英国的预测者们被不能归咎于其方法的收放问题所累，IEA的作者们在该主题上的论证仍非常有说服力。更严肃地说，整个经济学专业的价值都有赖于假定未来人类行为的准确性，在这种程度上，我们可以认为卢茨的小册子有颠覆性过高的危险。《中心预测的教训》同样表示IEA的撰稿人不惧于批评他们的政治盟友，他们（J.R.西尔）对伊诺克·鲍威尔在卫生部的工作记录进行了猛烈抨击。

货币主义与IEA

20世纪60年代，随着通胀和失业先后出现，似乎需要认真地对凯恩斯主义的分析方法进行重新考察，而广泛的道路选择至少可以期望得到战后以来最耐心的聆听。早在1960年，在许多将货币供应与通胀率联系在一起的众多出版物中，IEA发布了第一份。这本小册子题为《非一致》（*Not unanimous*），对由雷德克里夫勋爵（Lord Radcliffe）任主席的委员会于1959年发布的报告（见第二章）进行了批判。

随后的十年，IEA发表了大量文章，进一步探讨了货币供应与通胀之间的联系，其中就包括E.维克多·摩尔根（E. Victor Morgan）教授的《为了稳定发展的货币政策》（*Monetary policy for stable growth*，1964）。1967年之后，米尔顿·弗里德曼（Milton Friedman）提出通胀也是一种货币现象，而政府应当设法限制货币供应的增长率以遏制通胀。随着学术界开始对弗里德曼的理论产生兴趣，IEA邀请伦敦政治经济学院经济学教授、在80年代成为玛格丽特·撒切尔私人经济顾问的艾伦·沃尔特斯（Alan Walters）撰写了一篇文章，目标是引起更广泛的受众对货币理论的关注。媒体关于这篇题为《繁荣和萧条中的货币》（*Money in boom and slump*，1969）有数量可观而观点各异的大量评论（Muller 1996:98）。

IEA的出版物在60年代末70年代初之所以引发了人们对货币理论和政策的兴趣，是由于工党和保守党政府都深受经济问题所累。1970年12月，爱德华·希思被选为首相之后，IEA以不定期报的形式发表了弗里德曼在那一年的温科特讲座，题为《货币理论中的逆向革命》（*The counter-revolution in monetary theory*）。讲座的出席者有数位声名显赫的学者和政治家。弗里德曼和希思在1970年大选之后的一次会面揭示了IEA和高处的政策制定者各自立场之间的鸿沟。早期对希思将完全恢复战后方案的期望——这一右翼的如意算盘使恐惧在左翼中蔓延，而并非是对政府意图的仔细评估——很快就随着失业率进一步升高以及政府开始采取行动恢复经济而破灭了。

这段经历自然没有吓退IEA，反而在协会现有的对抗精神中加入了"背叛"的要素，打磨了其传达主旨的利刃。接下来的事件依然有利于IEA的观点，第四次中东战争导致石油价格在英国得以自给之前上升了四倍多。20世纪70年代，IEA继续考察通胀中的宏观经济问题，以之作为出版计划的一部分，弗里德曼固定就这方面的问题投稿。除了几经再版的《货币理论中的逆向革命》之外，IEA还出版了弗里德曼的《货币修正》（*Monetary correction*,1974）、《失业与通胀》（*Unemployment versus inflation*,1975）和《通胀与失业》（*Inflation and unemployment*，1976）。学会同样继续发表艾伦·沃尔特斯教授的研究成果，例如他对《75年危机》（*Crisis' 75*，1975）的投稿以及《经济学家与英国经济》（*Economists and the British economy*，1978）。不管是否同意IEA的观点，知名记者们都开始认真对待协会的出版物。记者的评论中最为知名的一篇来自备受尊敬的《时代》评论员罗纳德·巴特（Ronald Butt），他在1976年1月写道，尽管十年前的IEA"被大多数经济学作者看作一个笑话"，其主旨如今却"有了崭新的相关性"（Cockett 1994:196）。这一时期，IEA引入了美国"弗吉尼亚学派"发展出的公共选择理论，使协会的政治经济学大为丰富。1976年，IEA出版了戈登·塔洛克（Gordon Tullock）的《投票动机》（*The vote motive*），使得经济自由主义者可以从一个意想不到的角度攻击一致论者。在哈耶克的描述中，他的对手怀有好意，但受到了误导；而公共选择理论使经济自由主义者能够宣称社会主义者不比其他人强到哪儿去。与福利国家相联系的官僚们远远不是受到服务公众的欲望所驱动的，他们被呈现为帝国构筑者，利用大政府作为巩固自身权力和威望的手段。这是IEA长久以来的做法，他们没有确认任何可能不符合英国国情的事实就展开了论证，他们暗示官僚在哪都是一样的，不管他们是通过竞争性的考察还是通过美国那样的政治庇护系统进入公职部门的。得益于其极简性的吸引力，该理论对大学教学产生了长期的影响。

工会、专家和限制性的实践

许多经济自由主义者的主要目标——不包括米尔顿·弗里德曼，他认为该问题是次要的——都是削弱工会的权力。哈耶克尤为关注工会日益增长的力量，工会可以通过价格机制变形来破坏市场经济的运转。IEA在该领域的第一次大胆尝试是1959年出版了《自由社会中的工会》（*Trade unions in a free society*，1959）；当时，哈罗德·麦克米伦的保守党政府正热衷于安抚工会。为了尝试向全国铁路工人联合会（National Union of Railwaymen，NUR）提供友好建议并增加其文章的影响力，IEA委托对工会运动抱有同情且深受其益的本·罗伯茨（Ben Roberts）来执笔。然而，IEA的文章却不是关于该主题的开山之作；一群保守党律师早已在一本名为《巨人的力量》（A giant's strength，1958）的小册子中提出了一个强有力的工会改革案例。除了攻击工会在建筑业等行业的限制性实践之外，IEA同样试图揭露法律和会计业对市场的扭曲。这方面很早的一个例子是丹尼斯·里斯（Dennis Lees）的研究专著《各行业的经济后果》（The economic consequences of the professions,1966）。例如对《建筑业的限制性实践》（Restrictive practices in the building industry,1966）这样的出版物的评论大多持反对态度——并且通常是极度批判的——20世纪70年代公众对工会权力和影响力日益增长的担忧，给了IEA一个发表工会主题的文章的机会，这些文章赢取了更多的同情，尤其在希思政府的《劳资关系条例》（Industrial Relations Act，1971）失败，以及煤矿工人罢工以致政府垮台之后。哈耶克自己也为这场争论做了不少贡献，尤其通过《抓住老虎的尾巴》（A tiger by the tail,1972）和《经济自由与代议制政府》（Economic freedom and representative government,1973）两本小册子。1959年，工党政府立法限制工会权力的想法还是不切实际的，但到了1969年，哈罗德·威尔逊和其他工党高官也接受了必须采取行动的现实（虽然《取缔冲突》[In place of strife]白皮书因工会和工党的抵抗而成为一纸空文）。

渗透与劝说：20世纪70年代

60年代末70年代初，IEA在政客和政治评论家中的影响力稳步上升。希思政府在1970—1974年间公认的失败铸就了一个更为坚定的保守政治家群体，他们渴望发掘另外的经济策略，一种IEA多年前就开始倡导的策略。玛格丽特·撒切尔于1975年就任保守党魁，使得IEA能够间接接触到保守党的政策制定机制，这虽不是协会的直接追求，却也是之前想象不到的。撒切尔夫人自60年代初就与哈里斯和塞尔登相识，而她在1968年保守党会议上的演讲中首次明确表明了其自由市场的倾向（Cockett 1994:171—172）。在多数保守党政客仍对IEA提供的市场分析持不确定的态度的时候，在剥夺了希思对关键经济政策的领导权之后，撒切尔夫人起用了基思·约瑟夫爵士和乔弗里·豪爵士这样的人，而正是他们的信念如今开始影响政策思考以及保守党总体的经济策略，而这些信念中的许多都曾在IEA发表的经济学家的作品中传达过。如撒切尔夫人的一位资深同伴后来所说，保守党的理念源自"大部头的专著，后来IEA的小册子把它们变得通俗易懂，后来的《每日电讯》的文章和对谈等也是如此潜移默化"（Whitehead 1985:334）。这几乎就是哈耶克在二战后定下的方式。

然而与此同时，IEA的许多人仍对所有政客，尤其是保守党政客抱有怀疑，这是由于即使是对其抱有同情的约瑟夫和撒切尔也炫耀着希思政府公共支出的慷慨。为了强调协会的观点是唯一有价值的声音，IEA的二十周年刊物《并非来自施舍》（*Not from benevolence*，哈里斯与塞尔登合写）囊括了许多本可以采纳IEA建议的场景，然后含蓄地将其留给读者来判断政府的视而不见是否正确（Harris and Seldon 1977：x）。在此之前，作为对国际货币基金组织一揽子营救计划的回报，詹姆斯·卡拉汉领导下的工党政府勉强接受了货币主义政策，但IEA知道政府的转变只是表面文章。

尽管有上述怀疑并且有独立于任何政党的正式规定，IEA仍然热衷于寻求兴趣满满、抱有同情的政客与自由市场主义学者和思想家会面的机会。因此，协会建立了一系列的午餐和晚餐会，其目标是使潜在的政策制定者能够与政策思考者会面。这一政策的重要意义在于它使关键人物，尤其是撒切尔夫人，能够简单地了解自由市场经济分析的最新发展（Muller 1996:101）。

同样在20世纪70年代，IEA在几所高校的学生，尤其是伦敦政治经济学院和圣安德鲁斯大学学生中的影响力开始增加。虽然20世纪60年代的高校氛围通常被视作左翼理想主义的表达，但在许多重要的方面，那些对持反对态度的当权派的自觉反抗却代表着IEA的机会。20世纪70年代期间，数位具有公共知名度的学生运动发言人都接受了IEA的理念，即经济自由主义是他们眼中混合经济脆弱妥协的唯一良方，这并非偶然。

与此同时，IEA一直在经济政策领域与之争执的、知识界公认的支持集体主义的"共识"，在例如社会学和社会政策这样的学科中也得到了认同。塞尔登尤其意识到IEA展开的许多经济学论证不仅受到凯恩斯主义经济学家的攻击，也受到社会学家的诘难。20世纪60年代，特别是70年代，对IEA的许多人来说，社会学家似乎受到了马克思主义思想的支配，因此为他们的经济自由主义改革运动增加了新的敌人。在与诺丁汉大学一名学者的争论之后，IEA成员迪格比·安德森（Digby Anderson）在1980年12月建立了由自己掌舵的"社会事务部"（Social Affairs Unit, SAU）。数年内，起初还在北爵士街2号像IEA一样运作的社会事务部开始独立于前者，并且有了自己的地盘。创立社会事务部的目的是在教育、卫生和法律与秩序等领域提供看待集体主义的不同学术视角。它至少尝试过努力将传统社会价值和经济自由主义结合起来；讽刺的是，这一计划几乎不可能成功，因为许多有悖传统的自由主义经济学的信徒都接触（且享受）过20世纪60年代的社会自由。在保守党下台之后，1997年11月，SAU出版了一本广为人知的关于女性杂志的小册子，很好地说明了社会事务部面临的困难。不出所料，社会事务部发现大多数杂志的内容都是极为琐碎的，带有对性的痴迷。然而，杂志的出版者们只能简单回应道这种主题能吸引读者，而在自由市场中，只有照顾最大的潜在受众群体的口味，才有意义。《泰晤士报》的一篇文章将阅读这本小册子比作"被伦敦的出租车司机拽住：这位辩论者的粗糙将你淹没"。小册子的更为年长的读者反映道小册子作者们所谴责的趋势自1979年以来一直在加速。可以说，比起明显经过修补的经济记录，玛格丽特·撒切尔和约翰·梅杰（John Major）的政府在不计其数的性丑闻中损失的公共信誉要更多。这可以由这一时代发展起来的媒体对性的执迷来解释；讽刺的是，公众对于性的兴趣是被玛格丽特·撒切尔的热切支持者鲁伯特·默多克（Rupert Murdoch）手下的报纸培养起来的（更多的讨论见第四章）。

撒切尔主义与IEA

基思·约瑟夫爵士对保守党政府在1970—1974年表现的失望之情，不仅使他重新评估自己的经济和政治观点，而且重新考虑保守党建立政策中心的必要性，该中心在某种程度上要以IEA为榜样。然而与试图在各种政策问题上向广大公众宣传经济自由主义思想的IEA不同，新的机构将直接与政治受众相联系，目的是影响下一篇保守党竞选宣言。政策研究中心（Centre for Policy Studies，CPS）的动机直接与保守党政策规划相关，为下一届大选做准备（见第四章）。因此，与政策研究中心相反的IEA就能以免于当前政治压力的独特优势来分析市场。

保守党赢得1979年大选之后，玛格丽特·撒切尔致信感谢费舍尔的贡献："你创造了使我们的成功成为可能的氛围。"（Blundell 1990:6）IEA当然增加了她对自由市场宗旨的信心；一部关于撒切尔夫人就任首年的著作提出：IEA的小册子《对于福利的过度统治》（Over-ruled on welfare，1978）整合了过去十五年间的调查结果，在1979年大选的准备阶段"给撒切尔夫人的政治本能提供了支持，并且鼓励了她……与普罗大众的感情相系的观点"（Stephenson 1980:20—21）。因此，1979年新一届的保守党政府将IEA放到了全新的位置；因为至少许多新任的经济官员都是市场有益效应和货币主义重要性的信徒，新任政府采纳了IEA的经济思想和分析。最早到来的巨大成功是汇兑管理的废除；就这项措施而言，乔弗里·豪对"约翰·伍德（John Wood）和罗伯特·米勒（Robert Miller）撰写的……有助于打破智识坚冰的IEA小册子"给予了高度赞扬（Howe

1994:141）。新的处境使IEA的钦慕者和敌人都产生了某种程度的困惑，这或许是不可避免的，即便发生变化的是政治氛围而非机构本身，因为后者永远不可能为了赢得威斯敏斯特的友谊而在思想信念上妥协。新闻报道中的"撒切尔主义的"（Thatcherite）通常与IEA挂钩。一些IEA成员，尤其是亚瑟·塞尔登，对这种说法深恶痛绝。当拉尔夫·哈里斯之名出现在撒切尔夫人第一份受勋者名册中，我们就能理解他与首相之间的联系了，但哈里斯选择成为中立议员，尽管他比许多两院中的保守党人更赞同政府的经济政策。

在撒切尔政府的前几年间，IEA继续为政府经济政策提供有原则的支持，而其出版物倾向于赞同经济政策的大致方向（如果不总是实际执行）。而与此同时，协会的出版计划依旧维持着将市场分析延伸到每个可以想到的主题的既定政策。意识到首相在大部分时候在政府内外的少数派立场，哈里斯和塞尔登更加频繁地邀请撒切尔夫人拜访IEA，以使她安心，让她感到自己"被友人环绕"（Muller 1996:103）。讽刺的是，当乔弗里·豪、奈杰尔·劳森与撒切尔之间的冲突在1989年10月到达临界点时，一场用以庆祝汇兑管理废除十周年的IEA晚餐会为沮丧的官员们提供了交换意见的机会（Howe 1994:603—604）。

在这些"朋友们"各奔东西之前，在经济政策发展的关键时刻，IEA能够为政府提供智识储备，以应对其政策遭遇的学术和政治反弹。最明显的一个例子就是1981年预算事件。当时，364名经济学家（包括部分IEA的作者）在《泰晤士报》发表联名信，敦促不再实行货币主义政策并宣称政府（当时的）经济方针既没有逻辑合理性也没有经济历史说服力。为了反驳这些观点，哈里斯和塞尔登鼓励帕特里克·闵福德（Patrick Minford）发表了一篇回应文章。这一时期IEA的学术撰稿人众多，这方面的轻松使协会有机会建立另一个实现市场思考和分析的媒介，即在1980年作为协会官方刊物发行的《经济事务》（*Economic Affairs*）。该刊由塞尔登主编，以更快的频率和更具时代气息的话题，发表了大量学者的短论文（Muller 1996:104）。

私有化是撒切尔政府在20世纪80年代经济政策的核心。虽然直到1983年大选结束之后，政府才迫切实行这一政策，但IEA对其大为支持。毕竟IEA已经出版了大量的小册子，检视对电、煤、电信和其他服务及产业进行政治和政府管控的弊端。如1989年出版的《私有化与竞争》（*Privatisation and competition*）所控诉的，在某些情况下，私有化仅仅是以私人垄断替代政府垄断（Veljanovski 1989）。IEA刊物《经济事务》刊发了一系列观点类似的文章；1993年6月刊发的文章对保守党的记录大都充满敌意（Stone 1996:183）。

虽然IEA又一次对撒切尔政府实行的经济自由化和工会改革政策提供了广泛支持，但对协会的许多支持者来说，即便保守党80年代政策的激进本质都不那么令人振奋，失望之情溢于言表（Denham and Garnett 1996:53）。即便在总体的经济政策实施方面，IEA也是个尴尬的盟友；其对第一届撒切尔政府执政记录的意见是"可以做得更好"，这一标题当然会使将经济自由主义放在政治考量之前的官员们怒不可遏。凯恩斯主义经济学家仍坚持政府与"共识"政治分道扬镳就意味着其在各种问题上表现得更为糟糕，在这时遇到这些问题就尤为令人厌烦。具有讽刺意味的是，乔·格里蒙德——他在20世纪50年代对自由党的领导为IEA的建立助力良多——以其新经济自由主义伪装而名列众多撰稿者当中。在其他领域，矛盾冲突在20世纪80年代更加紧张：

在教育和卫生保健部门，撒切尔政府与前任一样畏首畏尾。随着经济政策开始更加（广泛地）接受自由市场，政客们认为福利国家制度仍在（IEA的）市场分析之上。新的政治共识开始建立，该共识继续否认市场在卫生、教育和福利等领域的作用。作为对此的回应，借鉴从前专业化的成功经验……IEA创立了卫生与福利小组（Health and Welfare Unit）来聚焦于这一政治敏感的领域。小组的作者们持有的观点是：政府卫生服务改革是对IEA极力主张的思想体系的背叛。（Muller 1996:104—105）

在1990年出版的题为《国家医疗服务体系改革：不顾消费者选择？》(*The NHS reforms: whatever happened to consumer choice?*)中，IEA卫生与福利小组负责人大卫·格林（David Green）提出政府本应终止"家长式的、由税收支付的、以实物为表现形式的服务"，并且预言这项改革将既不能防止国家医疗服务体系更多的资金需求，也不能使政府获得更多选票。他认为政府显然已经忘了撒切尔主义最好是削减国家权力并且增加个人和家庭的权力。教育也是争论的核心之一。亚瑟·塞尔登与其妻子玛乔丽（Marjorie）都极力倡导教育凭证制度，然而即便是基思·约瑟夫爵士也不能在这场争论中取胜，他在1984年抛弃了该观点（Seldon 1986；Denham 1996）。基思爵士在1986年退休对IEA的影响比想象中要小得多。

1987年，拉尔夫·哈里斯辞去局长职位，成为IEA主席，他在这个位置上一直做到1989年。亚瑟·塞尔登于1981年作为总编辑退休，但在顾问位置上一直做到1988年。1987年，协会任命了新的理事长格拉汉姆·马瑟（Graham Mather）。马瑟之前在董事学会（Institute of Directors，IoD）工作，他乐于接受让研究机构承担全面责任的机会。马瑟表达了这样一种观点：在IEA，他将比在幕后有更好的机会来影响政策。然而协会内部的和谐是短暂的，在看到马瑟对时政讨论的过度热衷之后，哈里斯和塞尔登很快感到警惕。相应地，马瑟认为前任理事们并未如他期待的那样完全放权，他们总是在"多管闲事"（Muller 1996:105）。

冲突不断发酵，而格拉汉姆·马瑟领导下的IEA仍然追求着关于法律和经济、管制的未来、公共选择分析在公共官僚制中的应用以及宪政改革在支持不断发展的市场机制时面临的挑战等智识问题的议程。IEA同样发起了大量调查，其中一项涉及向英国大学的经济院系分发问卷，旨在了解过去三十年来IEA在引起学术圈（及其他圈）内智识氛围变化方面有多大影响。

20世纪70年代早期，一项英国经济意见调查发现："参与调查的经济学家中有超过75%"都同意一种与众不同的政策意见，调查的协调人萨缪尔·布里坦称之为"自由主义经济正统论"。这一理论表现为对市场竞争和价格竞争的信仰，也赞同收入再分配和凯恩斯主义方法在需求管理和财政政策方面的效用，而右翼集团极力反对后者（Brittan 1973:20—22）。我们在上面已经提到，知识分子反对货币主义的浪潮因1981年364位高校经济学家的联名信而得到证实。令IEA失望的是，其在1990年发布的调查结果仅仅是确认了既定的趋势还在延续，即知识分子在总体上反对经济自由主义，尤其是货币主义，至少在经济学家群体中是如此。实际上，调查结果表明，从国际标准来看，英国经济学家"在调查数据可用范围之内，比其他国家的经济学家更倾向于再分配"，而在接受失业和通胀的短期交换的意义上更偏向于凯恩斯主义（Ricketts and Shoesmith 1990）。简言之，该证据表明IEA及其在自由市场方面的盟友是被迫"迂回"的，远非将英国的经济建设"转向""经济自由主义"（Denham and Garnett 1996:51）。

撒切尔之后的经济自由主义：20世纪90年代

IEA内部两种领导风格之间的争论仍在继续，导致两方互相攻讦，他们常采取撰文的形式。保守党领导权的斗争在玛格丽特·撒切尔于1990年11月下台之后达到顶峰，也在IEA内部引起了冲突。最终，格拉汉姆·马瑟于1992年退出并建立了一家新的智库——欧洲政策论坛（European Policy Forum，EPF）（见第六章）。马瑟引退之后，IEA于1993年1月任命了新的理事长约翰·布伦德尔（John Blundell）。布伦德尔曾在伦敦政治经济学院学习经济学，其大部分经济学思想来自IEA和在美国智库的工作经历。布伦德尔在1989年的讲座中已然表示自己会是IEA的明智选择，他警告美国传统基金会的听众不要"相信……已经赢得了斗争"（Blundell 1990:9）。新任主编科林·罗宾逊（Colin Robinson）教授业已就位。罗宾逊是萨里大学经济学教授、IEA的固定撰稿人和协会学术顾问委员会的老牌成员。

20世纪90年代，IEA展开了对规章意见的全面考察研究。这一新的兴趣点意味着在相对忽视了几十年后，协会开始涉足欧洲问题，特别是与规章和环境有关的问题；自1993年起，协会设立了环境小组来专管这方面。IEA同样开始通过高效的学生扩大计划（Student Outreach Programme），将学生作为目标来培养未来的思想家，这是基于许多当时的思想家和政客自身在学生时代都受到了IEA出版物的影响。然而，出版仍是IEA的核心活动，依然热衷于自由市场大业，四十年如一。

小　结

鉴于成立时的氛围，乍看之下，IEA似乎比寻常的机构成功。由于费舍尔及其同僚的努力，其他许多国家也建立起了关联机构。与本书研究的其他组织不同的是，IEA的兴起不是为了应对某种危机——至少不是大众认知中的危机。自20世纪60年代起，发生的事件才开始确切地反映其宗旨，但我们也必须承认其成员和支持者在饱含敌意的"意见氛围"面前那可贵的坚持。20世纪70年代中期，意见氛围开始鼓励自我反省，其他的英国智库也大为发展，但IEA只回以一种冷酷的满足感。IEA的观点并不新颖，却在环境变得更加有利时能吸引关注；用戴雪的话来说，大事的发生显然使得"世界上大多数有常识的人都倾向于聆听一度被常识嘲笑为谬误或悖论的理论"（Dicey 1905:23）。

保守党赢得1979年大选之后，经济部门官员要么曾在IEA接触过经济自由主义，要么在个人直觉上被IEA所征服。尽管协会对政客的怀疑传统依然强烈，在1981年庆祝其成立25周年之前，其历史还是被描述为一段英雄传奇，而创始成员们被充满敬意地称为"开国元勋"（Seldon 1981：xiii）。然而尽管我们几乎无法否认IEA对这一时期经济政策的影响，关于这方面的记录却表明它也没那么成功。理查德·考科特在1994年写道：经济自由主义"从未抓住少数保守党下议员之外的受众的心思"，而政治学家的调查为这一主张提供了支持（Cockett 1994:325）。这一问题的确切性因一个事实而变得扑朔迷离，即不赞成撒切尔主义的下议员们在80年代也有赞成的倾向，但大多数论述都赞成的是撒切尔在任的最后几年，她不得不任命明显不是撒切尔主义信徒的人，以集思广益。比这更为严重的失败或许与英国在欧洲扮演的角色有关（这一问题最终导致玛格丽特·撒切尔下台），而二十世纪七八十年代的IEA撰稿人们几乎不讨论这一问题。不管政客和官员能否以繁忙为借口来逃避没能充分考虑欧洲的发展对内政可能的影响，像IEA这样的机构能站在比政府好得多的立场来为长期问题提前做出预警。考科特指出：

> 我们找不到任何关于欧洲问题的小册子或出版物——从EMS到《单一欧洲市场》（*Single European Market*）——IEA和政策研究中心直到20世纪80年代末都没有，而那时这一问题已然无法避免……讽刺的是，在乔弗里·豪于1979年最终打破英国的固定汇率体制时，英国的欧洲伙伴们却开始着手创建欧洲汇率体系，在那之后，后者就成了80年代撒切尔政府下缓慢燃烧的引线，最终在1990年引爆。经济自由主义知识分子和宣传者在20世纪50、60和70年代都没有写到或提到过要让保守党政府为处理80年代欧洲问题的复杂性做准备。他们或许有过"好主意"——自由市场——那是在70年代，但就政府艺术而言，这一理念只是随着80年代的前进而愈发边缘化了（Cockett 1994:327—328）。

IEA对欧洲问题的相对忽视表明其主要兴趣在于国内政策问题，因为协会对其在这方面的影响力更有信心。在愈发互相依赖的全球经济中，这只能被判作一种严重的——也是非常具有教育意义的——失败。在其他文章中，考科特提出，20世纪80年代应用于英国的经济自由主义"有效地抹去了英国制造业的很大一部分，在为期十年的经济实验和混乱之后，留下了堪与30年代比肩的失业人口"，这远远不能称作"边缘化"（Cockett 1994:328）。即使对抱有同情的考科特来说，经济自由主义在80年代的"智识胜利"（intellectual triumph）也证明了强势观点中的重要性与危险。尽管考科特的论述过分强调了IEA的观点和具体政策决断之间的联系，他至少还是表示对使官员们相信除了经济自由主义之外别无他法一事，协会是欢迎批评的。

穆勒指出，IEA在撒切尔第一个任期内以及在那之前显得尤为成功，那时协会倡导废除（或撤销）法案，如汇兑管理法案；而后来IEA的撰稿人们开始在卫生健康和教育等领域倡导具体政策，而它很难在这些领域围绕着具体改革来建立共识。这就指向了之前提到过的结论——即作为精神反对之源的IEA比作为建设性政策观点之源要成功得多。一旦协会的建议进入了政治考量的范畴，它们就会陷入通常的部门扯皮和妥协的泥沼中。对北爵士街的理论家们来说，这不合他们的口味——毕竟拉尔夫·哈里斯后来出版的论文集用了《不，首相！》（No, prime minister! 1994）这一充满个性的题目。随着撒切尔的改革的推进，在IEA这一1979年之前就蓬勃发展的机构中，冲突开始浮上了表面。1983年政府连任之后，似乎所有在IEA的概念中与之为敌的组织都烟消云散了——而保守党的经济记录或许是马岛战争的绊脚石，而非获胜的原因。新右翼——与大多数意识形态流派一样——至少需要一种与"统一的敌人"对抗的感觉（Denham and Garnett 1994）。在反复强调不能自满的约翰·布伦德尔取代格拉汉姆·马瑟成为IEA理事长之时，他想要重振认为经济自由主义已经赢得了全世界的新右翼，显然为时已晚。

讽刺的是，从意见氛围开始变得有利的20世纪70年代，到经济自由主义开始占据主导的一段时间，IEA对于政策方向的影响可谓成功；但在那之后，与获得的机会相比，协会的表现却是令人失望的。IEA或许在全世界发展出了许多类似的机构，但那也仅仅表明其信条吸引着具有特定倾向的人而已——就其本身而言，并不能作为政策影响力的证明。1979年大选获胜之前，后来的保守党官员（前中央政策评议局成员）威廉·沃尔格雷夫（William Waldegrave）正确地指出，"经济自由主义非常适合表达反对的思想"却不并适合用来执政

(Waldegrave 1978:71—72）。然而我们可以认为说IEA的理念不适合政府是不公平的；毕竟协会公开表示其对思想观念的兴趣要远大于政策细节，并且不管1979年之后的保守党政府在实践中做了什么，经济自由主义的思想基础仍然没有变化。虽然该观点有一定道理，但IEA也确实预先发表了政策建议（特别是20世纪60年代早期对维持转售价格的建议），并且就偏离其在特定问题上的路线偏好而对政府进行了谴责。虽然我们应将IEA与新右翼的其他智库（见第四、五章）区别对待，但这种差异不应被过分夸大。因此，IEA在1979年之后对政府表现的批评至少在某种程度上可看作对自身的（无意识的）批判。

1987年，丹尼斯·卡瓦纳夫（Dennis Kavanagh）自信地宣称："IEA无疑在始自20世纪70年代中期的意见氛围变革中扮演了重要角色。"（Kavanagh 1987:83）这个例子很好地说明了与"意见氛围"一语的关联中出现的混淆；IEA看到其观念在政府中占到支配性地位时，他们就将哈耶克视作长期成功之匙的智识意见和公众观点拒之门外了。1986年，IEA出版了一本纪念亚瑟·塞尔登的论文集，在其中一篇来稿中，米尔顿·弗里德曼对哈耶克早年间对社会主义知识分子的攻击提出了新的见解。他提出，自由市场理念拥护者的平均质量正在下降，因为意见氛围对社会主义的反对已是如此强烈，以至于自由主义者不再需要三思而后言（Firedman 1986:136—137）。然而，弗里德曼引人入胜的思考——他强烈地暗示经济自由主义只能在逆境中欣欣向荣——必须植根于其在美国的经历，因为英国的自由市场主义知识分子从未享有美国同行那样的统治地位。同样地，弗里德曼的提议，即市场自由主义者是在备受歧视的时代打磨自己技巧的，这一说法也是对IEA及其盟友的对立心理的写照，而不是战后任何年代的真实景象。

我们已然提到了凯恩斯主义仍有强烈影响的经济专业圈对IEA的负面反馈，在那种层面上，如果弗里德曼提到的"歧视"一词之意真的是在论证数量方面被远远超过的话，那么自由市场主义者在整个80年代的学术圈中仍然备受歧视。在学术圈中，政客们大为欢迎的关于自由和选择的口号变得没那么有效了，这大概是因为学者们意识到了战后英国经验的现实复杂性。IEA出版物的简化展示以寻求简单答案的方式吸引了政客,但却在大部分高校的公共休息室讨论中受到谴责。知识分子对自由市场理念的普遍反感体现在牛津大学拒绝授予玛格丽特·撒切尔荣誉学位的事件上;1987年大选中,投票给保守党的失业者占比都比学者要高(Willetts 1992:21)。1975年之后一段时间,一项对于"重量级"报纸专栏作家的调查表现出对经济自由主义的强烈支持,但那时的英国新闻界是出了名的偏向保守党的,而调查的证据很难证明这些评论员在读者中赢得了广泛支持——甚至关注。政府与广大公众交流的记录不怎么好看,如艾弗·克鲁(Ivor Crewe)所说,虽然民意测验表示1979年的人们对减税和更好的公共服务有着同等的渴求,但政府实行经济自由主义几个月后,要求改善服务的比例上升了22%,而到1987年,这一数字已涨到了55%(Crewe 1989:244—246)。1979到1992年间,保守党实现了连续四次胜选,但其群众投票率却逐次下降。由于政府对经济自由主义学说的疏离多是出于选举的考量(包括1987年大选之前重回旧日凯恩斯主义的怀抱),那么我们便不能认为如果政府更加坚持IEA的理念,就会更受群众支持。对于IEA在改变更广泛的意见氛围中的失败,最准确的评价或许来自大卫·格林,他在1993年的一次访谈中承认:"过去十年间,出现了一种自由市场理念与贪欲挂钩的设想,我们必须消除这种误解。"(Richards 1993)事实上,IEA和其他新右翼机构从一开始就在设法消除这种误解,虽然广大公众都听到了他们的声音,然而由于抗议过多,他们只是使情况变得更糟了。

在1997年大选的准备阶段,IEA开始经历对其自1979年以来公认的成功的报复。人们认为协会已经用尽理念、江郎才尽了。这一观点是不理智的,因为协会的支持者们一如既往地信仰经济自由主义,并且可以宣称虽然辞令发生了变化,但托尼·布莱尔领导下的工党与曾经的玛格丽特·撒切尔一样坚定地致力于协会的信条。然而尽管IEA不断试图避免与一个政党步调一致(协会自1979年以来也对政府政策进行了尖锐批评),在公众眼中,IEA已经与保守党的命运紧密相连，以至于其分摊了梅杰政府那致命的溃败。与此同时，媒体对新右翼内部分裂的关注在1993年使人们质疑IEA在约翰·梅杰的策略会议上的缺席——布伦德尔指出，协会从未参加过类似活动（Richards 1993）。IEA几乎没有立场抱怨媒体评论员将表象与现实相混淆，毕竟协会自身的声誉在很大程度上就来自利用其支持者的失败——后者没能从复杂的经济史中辨别出简单的谎言，而将IEA对于凯恩斯主义观点的误解等同于社会主义，就相当于给保守主义和自由市场思想画上等号。尽管IEA没有像其他团体那么沉醉于炫耀胜利，协会20世纪80年代的部分出版物还是带着些自鸣得意的腔调。十八年来，IEA因其与执政党的联系而赢得了越来越多的公共曝光，虽然保守党与大多数人的意见不一致；但在新工党执政期间，这一现象不太可能再次出现，尽管与一个大声谈论认为不可想象的政府合作（Foot 1998）。就托尼·布莱尔及其同僚接受经济自由主义的程度而言，他们鄙视地列出一堆证据来证明公众从未接受该思想，并且如果新工党陷入了选举问题，那就是因为其令选民认为政府过于撒切尔化了。缓和公众敌对情绪的一个简单途径便是与IEA这样的团体划清界限。

就此观点而言，哈耶克坚持认为IEA应当越过决策者而去劝服最广大的公众的观点被证明是最为合理的；尽管协会在20世纪80年代有着很好的机会，他们却没能实现哈耶克的设想，这只能解释为其坚持的理念在本质上不具有吸引力。IEA的故事太过曲折，以至于对其未来的预测成了一种非同寻常的冒险，但是看上去只有当在原则上热衷于凯恩斯主义经济学的政府当选时，协会才能再度充满活力。正如撒切尔夫人本人，IEA只有在感到自己面对着强大的敌人之时才能茁壮成长。托尼·布莱尔对市场手段的同情显而易见，他不可能给经济自由主义以上述的感觉；即便这种同情导致了他的下台，他也不可能被易受社会主义感染之人所取代。因此，虽然信任理事长关注到了自得自满的隐患，IEA及其盟友已在观念斗争中取胜的错误想法还是很可能导致协会命运的长期衰落。

第四章　政策研究中心

起　源

在1987年发表的与安东尼·塞尔登（Anthony Seldon）的一次对谈中，基思·约瑟夫爵士解释了建立政策研究中心（Centre for Policy Studies，CPS）的决定：

这是我和阿尔弗雷德·谢尔曼（Alfred Sherman）的（主意）……我这么做是试图劝服自己，以至……我的政党和国家，使他们相信德国的社会市场思想才是保守党应当采纳的。我建立起CPS——泰德·希思（Ted Heath）勉强点头同意了这一举动——以研究并进而推广社会市场思想。（Joseph 1987:29）

根据曾经担任CPS理事长的大卫·威利茨（David Willetts）在1991年的回忆，约瑟夫和玛格丽特·撒切尔对希思政府末期的保守党政策指向感到失望，并且"想要将保守主义带回他们眼中的真正原点"（Interview，1991年4月）。CPS作为一家有限公司创立于1974年6月，撒切尔、约瑟夫和商人奈杰尔·文森（Nigel Vinson）担任理事。当年7月，中心搬到了威尔弗雷德大街8号的一座"小而狭窄的建筑"中，约瑟夫任主席，撒切尔任副主席，阿尔弗雷德·谢尔曼（后来成为爵士）任首位研究主管（Todd 1991:12）。

爱德华·希思在1974年2月参选，背景是第二次矿工罢工蓄势待发。当时的人们广泛认为这次大选是一次决定"谁治理"英国的斗争，虽然作为"一个国家"保守党人的希思不愿意对这种分裂性的问题进行民意测验。这导致了事项被耽搁，无疑影响了选举结果；如果大选在保守党在民意测验中遥遥领先的1月进行，他们很可能会获胜。结果，政府溃败，保守党回到了反对党的位置。1970—1974年间保守党政府的（在约瑟夫眼中的）失败使得约瑟夫就政府出错之处进行了一段时间的深思。这对约瑟夫来说具有潜在的危险，因为他虽然在早些时候接触到了经济事务学会的观点，却被证明在社会福利部门任职期间挥霍无度——就像玛格丽特·撒切尔在教育部时做的一样。然而，在1974年2月的大败之后，约瑟夫再次回到了经济事务学会，以使自己重新认识经济自由主义的智识观点。他开始确信自己过于关注自己部门的业务，而忽视了更为广泛的政府图景中正在发生什么——这样的借口如此蹩脚，以至于只有出自令人捉摸不透的约瑟夫之口，才显得并非全然为了自己。

1974年2月之后另一个影响约瑟夫的因素是阿尔弗雷德·谢尔曼。约瑟夫在

1962年首次与谢尔曼会面，那时前者是住房部长，而后者曾是共产主义者，当时负责《每日电讯报》的地方政府问题部分。起初，谢尔曼帮助约瑟夫编辑他的演讲稿，后来直接上阵写作。那是1969到1970年间，保守党处于反对党的位置。然而保守党在1970年大选获胜之后，两人之间的联络日益减少并最终断了联系。当保守党再次成为反对党，谢尔曼与约瑟夫探讨希思政府被认为失败的原因，并且指出政府的麻烦不断主要归咎于其与凯恩斯主义观点的联系。这些对话使约瑟夫产生了建立一家机构来仔细考察这些问题的想法；而经济事务学会历史上那不可动摇的独立性使其不适合将精力集中到保守党一方。

1974年2月在选举中溃败不久之后，约瑟夫在影子内阁中获得了一席之地。在这时，约瑟夫向希思提到了建立一家机构的想法，他问希思自己是否能获得一个没有具体职务的影子内阁席位，并继续解释道：他想"研究西德社会市场经济与本国的关联……以建立一所机构"（引自Todd 1991:10）。鉴于希思对欧洲发展的兴趣，将重心放在西德是非常明智的。

1974年春，约瑟夫向玛格丽特·撒切尔引荐了谢尔曼，后者开始为两人撰写演讲稿和文章。詹姆斯·普莱尔（James Prior）回忆道：在这一时段内，撒切尔和约瑟夫"开始齐心协力，并且离保守党在1970—1974年间追求的主要趋势越来越远。他们更多地受到哈耶克的影响"（尽管撒切尔在很久之前就读过《通往奴役之路》）（引自Young and Sloman 1986:29）。在1974年夏天的一次影子内阁会议上，进行了对希思政府经济记录的审查，而在新一届大选迫在眉睫之际，希思对于思想问题有所保留，这是可以理解的。用约翰·拉内勒夫（John Ranelagh）的话来说，当希思拒绝接受其战略出错的观点时，"基思·约瑟夫爵士睁大了双眼……乔弗里·豪爵士看上去无比震惊，而玛格丽特·撒切尔背靠墙壁，静坐无声"（Ranelagh 1992:235—236）。在政府下台之前，撒切尔和约瑟夫都为自己的大肆支出而自鸣得意，而豪在当时管理着政府的价格和收入政策。约翰·拉内勒夫的描述显然有后见之明的色彩，但也表明在数月之内，曾经坚不可摧的政府领导小组在意识形态和战略层面发生了无可挽回的分裂。由于持有异议的官员们与经济事务学会关联甚密，那么希思在这时高度怀疑任何建立新智库的提议，便不足为奇了。不管希思与约瑟夫关于CPS讨论的真实内容是什么，这位前首相很快便相信自己被骗批准了这样一家机构，它从党派核心机构中支取资金，将其转移到致力于转变保守党的组织之中。

初　期

根据早年间的目标宣言，CPS成立是"为了保证对能够改善英国人民的生活水平、生活质量和自由选择的方法进行更全面的理解，尤其关注社会市场政策"。宣言提出中心将以社会市场经济，或"在人类法律和制度体系内运作的自由市场经济"为研究案例。中心将"以道德和经济的形式，强调自由、生活水平和利润规律之间的关系"，并呈现相应的案例。宣言进一步提出，中心的工作将一直保持（或设法保持）"在知识上值得尊重"。中心的任务将包括确切地阐述政府必须提供政策以实现有效的社会市场的问题；研究这些问题的答案，包括其他国家采取的方案；评估英国的政策；私下（时机合适的时候公开）将这些评估提交给影子内阁；以及帮助伦敦和其他地区的议会成员"理解针对社会市场经济、私营企业和利润规律的正反观点"（CPS 1974）。在某些方面，这一大纲与中央政策检讨参议小组（Central Policy Review Staff，CPRS）的作用有些相似，该小组由希思设立于1970年，为内阁提供建议。两者间明显的不同是中央政策检讨参议小组没有明确的意识形态认同，而新成立的CPS具有明确的目标，即将影子内阁导向特定的方向。

在进行上述工作的同时，宣言提出CPS将以演讲的方式呈现社会市场经济的案例，并且寻求机会在电视上和高校中进行辩论。由于"维持并适应当下需求"的使命，社会市场经济将是一种持续的概念，而宣言指出中心应当"为了可预见的未来而存在。它当然应当存在于保守党执政期间"。宣言指出,中心的活动将不是"党派政治的",在此意义上,中心的许多研究将为所有政党的政客及其他成员所用。然而与此同时,由于中心的大部分产出将被用作保守党辩论和竞选准备的基础,对CPS的经济资助将"被完全宣称为(保守)党的捐助"(CPS 1974)。迈克尔·哈里斯(Michael Harris)最近解释道:

> 在(CPS的)午餐会上,他们强调自己是一家独立的机构(由自愿的捐助支持,并非官方组织的一部分),但与(保守)党派有着亲密的、非正式的联系。由于其自称的政治角色,慈善捐款是不可能的,这是其筹资方面难以避免的痛脚。(Harris 1996:52)

CPS的建立者们首先追求的是"改变意见氛围,以使目前行不通的政策成为可能"。比如1975年发表的一份声明宣称:

> 中心将帮助矫正一种在我们一生中影响着英国智识和政治生活的歪曲……经济学、社会政策和教育方面的社会主义设想几乎未经修改就受到了两党的广泛接纳。结果,市场的运行受到了限制。这些失败被用作更具破坏性的干预之借口,直到经济和社会都越来越受到矛盾的困扰。因此我们相信,根据四分之一世纪的英国及其他工业化国家的经验,来重新检视传统智慧的崭新实用性,这样的时机已然成熟。(CPS 1975a:3—4)

如此,CPS便给了自己一个与经济事务学会类似的使命,而它对战后英国历史的诠释也几乎与经济事务学会一致。两者主要的差别在于在最好的二十年间,经济事务学会一直在与公众意见氛围做斗争,而CPS知道其成立时的氛围要比20世纪50年代有利得多——"时机已然成熟"。简言之,战后经济增长和充分就业的优先级现在似乎受到了严肃的质疑,这在很大程度上是因为1973年末的石油危机。与经济事务学会一样,CPS的辞令也避开了重要问题,但由于经济事务学会在事态变得不利于经济自由主义时已经把精辟有力的说法用光了,所以CPS的辞令显得没那么有理有据。余下的同情者不会因"社会主义设想得到了两党接纳"的苍白说辞而驻足观望,但这将激起暴力的反应——来自当时的大部分保守党人——他们相信他们的观点代表着市场和社会主义方案之间的"中间道路",而他们的观点只会受到全球经济灾难性进程的挑战,而非思想本身内部的瑕疵。更可能发生的是,那些对社会主义的失望早已激起了极端反应的人——如阿尔弗雷德·谢尔曼自己——他们赞同CPS的道路,而非成为在CPS支持之下的政党的长期成员。

保守党内部,尤其是保守党研究部(Conservative Research Department,CRD)对CPS的创立产生了惊慌的情绪,这是可以理解的。虽然CPS从一开始对自己的功能定位就远别于保守党研究部,但在其他人眼中,至少在某种程度上,CPS与保守党研究部有着竞争关系。结果就是在CPS成立之初,一些爱德华·希思的支持者对中心及其创建者产生了反感。一份(无名的)文献表示:

> 那是诈骗。基思·约瑟夫去找泰德,请他许可建立一项基金,以观察其他国家私营企业的运作。然后他却跑遍伦敦城,说他得到了希思的筹款许可。那后来就成了约瑟夫/撒切尔攻击泰德代表的一切的权力基础。
> (Keegan 1984:47)

在1979年6月写到这一时期时,谢尔曼回忆起一名保守党研究部成员杜撰了"疯和尚"(mad monk)一词来形容基思·约瑟夫,并且"开始告诉他在媒体和政党的熟人我们是一群危险的右翼疯子,志在推翻希思、削弱保守党研究部并将保守党变为南部少数派团体"(引自Todd 1991:13)。CPS也受到了来自保守党两院议员的类似攻击。约瑟夫本人在1991年谈到保守党研究部极度反对CPS："毕竟我们唱着新的腔调，而他们仍专注于自己在老调中的良好面貌。"（Interview，May 1991）我们将在后面看到，保守党研究部和CPS之间关于保守党智识之"魂"（Halcrow 1989；Young 1989）的敌对状态（通常很强烈）是很重要的，特别是对玛格丽特·撒切尔对保守党研究部的态度以及她利用CPS作为成为保守党党魁后建议来源之一，后者始自1975年2月。部分保守党人感到本应将CPS扼杀于襁褓，不然它就注定要分享经济事务学会引以为傲的反对精神；然而CPS的心理很可能更为困惑，因为即使在规划之前，其他条件已经对其宗旨的传递有利，并且在不久之后，CPS的创立者们就享受到了他们在1974年6月希望却不敢奢望的赫赫声威。

保守党内部的思想冲突很快暴露于公众的视野之下。CPS成立的那个月，约瑟夫开启了系列演讲，内容除了对自己最近行动的明显忏悔声明之外，还不动声色地将自己与保守党领导人划清了界限。他先是在1974年6月于阿普敏斯特做了关于政府干预引起的问题的演讲，又在8月份到利斯继续演讲，这次的主题是通胀问题及其对英国工业的毁灭性影响。而约瑟夫于1974年9月5日在普雷斯顿的演讲在当年10月大选之前在保守党内外都引起了骚动。

普雷斯顿演讲由谢尔曼为约瑟夫撰写，而艾伦·沃尔特斯、皮特·杰伊（Peter Jay）和萨缪尔·布里坦也都被咨询过。听到演讲的消息并且知道其大致主题以及约瑟夫打算批判1970—1974年保守党政府的政策时，希思的支持者们试图劝说约瑟夫放弃这次演讲。为此，希思最亲密的顾问之一詹姆斯·普莱尔，这位见证了经济自由主义者在政府中表现的人被派去见玛格丽特·撒切尔。普莱尔后来回忆道：

> 我被要求去见玛格丽特，看看她是否能影响到基思·约瑟夫，让他别去（做演讲）。玛格丽特说道："我不知道，我认为阿尔弗雷德……"——我

认为这很重要,因为她没说谢尔曼,而是阿尔弗雷德——"我认为阿尔弗雷德为基思写了这篇演讲稿,而你将发现基思对这次演讲的坚定决心,我不觉得我能影响到他。"(Young 1989:88)

正如杨所提到的,普莱尔对这一经历的描述"将小集团(谢尔曼、约瑟夫和撒切尔)之间的亲密说得活灵活现"(Young 1989:88)。

约瑟夫的普雷斯顿演讲题目是"通胀是由政府引起的",演讲提出,如果政府支出过度,结果便是通胀,进而"摧毁就业机会,将我们隔绝于国际市场的价格体系之外"。在演讲中,约瑟夫的立场在于批判自己在希思政府集体行动和决策中的作用。他强调了通胀的"自残型伤口"、收入政策的"愚蠢"、"想象出来的"失业危机、凯恩斯主义需求管理的"失败"和向经济中"过度注资"引起的种种问题。他提出应当实施"货币主义"方案以控制通胀。与此同时,"货币主义"本身并不足以解决英国的问题,他将在之后的演讲和文章中不断重复这一主题。托德(Todd)认为爱德华·希思"不打算原谅约瑟夫在这篇演讲中对他的攻击。他视其为人身攻击,而那并不是约瑟夫之所图"(Todd 1991:16)。这一评价表明了经济自由主义者在败坏其主要对手方面是多么成功。由于工党组建了少数党政府,新一轮的大选不会耽搁太久;不管约瑟夫本来想的是什么,保守党的领导人一定会认为这篇演讲是在引诱选民持票观望。如果认为这是一位脸皮薄的领导人因这种情况下的人身攻击而动怒的话,那就错失了基本要点,即不管掺杂了什么个人情感,保守党内的分裂都是基于原则的。然而,经济自由主义者从一开始就用"恼羞成怒"的解释将关注点从影子内阁内部正在进行的原则之争转移开来了。

普雷斯顿演讲的时机使得许多保守党人以及政治评论家对约瑟夫的政治判断产生了质疑。比如《泰晤士报》虽然一方面赞扬了演讲的内容,却也认为约瑟夫"给了威尔逊一把装满了鸭弹的火铳,请他轰掉保守党的脑袋"。托德为约瑟夫的行为做了辩护,这也表明了这位经验丰富的政客的奇怪之处:

> 约瑟夫试图通过他的论证来使希思和影子内阁的其他成员转向自己,但那几乎是失败的。因此,他将问题公开化了。尽管约瑟夫就普雷斯顿演讲征求了许多建议,实际上他却没有在意别人的眼光;这篇演讲被广泛视作对希思的个人攻击以及约瑟夫对保守党领导权发起挑战的起点。当然,普雷斯顿演讲也将保守党内部的"货币主义"元素公之于众并且开启了关于货币主义方案的讨论。(Todd 1991:16—17)

事实上,约瑟夫似乎已经得出了结论,即保守党注定要输掉下一届大选。1974年10月的最终结果是几乎成立了又一届悬浮议会。在执政的大部分时间里,工党都要依靠少数党的支持;如果它赢得了更多的选票,工党就不必诉诸迫切的交易和宪政的捷径了,后两者加深了英国的经济困境,使得经济自由主义者中产生了战后道路已然耻辱性溃败的感觉。讽刺的是,工党政府最终将在国际货币基金组织的逼迫下接受货币主义,因此1979年大选选出的保守党政府沿袭了同样的政策,并未重新出发。尽管约瑟夫的爆发可能并未凭一己之力帮助工党赢得1974年10月的大选——正如伊诺克·鲍威尔命令其追随者在2月投票给工党却无法将希思政府拉下马一样——但不团结的印象对其党派的事业并无助益。由于保守党在议会中的额外席位一只手都数得过来,那么新的大选将几乎是板上钉钉的,而希思的领导地位也将大为加强。

约瑟夫演讲的时代,似乎没人考虑过玛格丽特·撒切尔可能是领导权的争夺者,而她在仍然隐于幕后,即便在CPS中也是如此。虽然除了约瑟夫之外,撒切尔夫人是影子内阁中唯一一位公开承认自己与CPS有关联的成员,并且支持了约瑟夫对影子内阁中的希思主义的论断,她却永远不会站在朋友的对立面。

一旦1974年10月大选失败,希思在保守党1922委员会会议上明确表示他必须即刻交出保守党的领导权,或是寻求连任。希思同意寻求连任,而新的章程出来之后决定于1975年2月4日举行第一轮投票。1974年圣诞节前几天,在深思熟虑了一个月之后，约瑟夫将自己排除出领导权的竞争行列，这部分是由于个人原因，另一部分是因为他最近的活动引起的人们对其政治判断的怀疑。约瑟夫的经济观点广为流传，最大的抗议还是来自10月大选不久之后的伯明翰演讲。在这次演讲中，约瑟夫表示穷人的孩子太多了。约瑟夫的最终灾难与社会政策挂钩（他曾是希思政府的社会服务部长），这一事实与CPS后来的历史相符。他告知撒切尔夫人自己决定不参加CPS集会；据报道，撒切尔的回复是"好吧，如果你不参加的话，那就我来"（Ranelagh 1992:140）。

领导人选举本身在其他地方得到了很好的记录（Keegan 1984；Young 1989），因此我们无须在细节方面过多纠缠。1975年2月10日，玛格丽特·撒切尔成了第一位领导英国政党的女性。值得注意的是，CPS的成立宣言发布于1975年1月14日，那是在保守党领导权竞选期间，而CPS自1974年6月以来就合法存在且在那几个月前就开始工作了。

起初，CPS仔细研究的领域主要有五个——通胀、工业政策、住房、所有权和财富。人们认为中心的政策研究将"关注促使人们努力培养个人独立性的动机"（Todd 1991:19）。在成立之后次日一次面向经济研究委员会的演讲中，约瑟夫声称：

> 我们的中心是一次崭新的冒险。我们名字中的"政策研究"表明我们将倾向于影响政策而非仅仅制造研究简报（并非有看不起后者之意）。我们将努力塑造意见氛围——或者更确切地说，塑造各种各样微观的意见氛围……我们的大部分工作都是比较性质的。我们将尽可能详尽地观察其他国家的人们之所为。我们将审视成功的故事以及他们成功的原因。但最主要的是我们将发声，首先就是为社会市场经济而发声。（Joseph 1975:63）

"各种各样微观的意见氛围"的提及表明约瑟夫将一种相对复杂的使命观带

进了CPS，与经济自由主义者针锋相对。这令我们想起戴雪的观点：任何时代都注定有意见的"交叉流"；而不是哈耶克的设想：一旦被几位活跃的知识分子引起了兴趣，压倒性的多数人就将紧随而上（见导言）。然而最重要的印象是对于理念之力量的坚定信心。在某些领域，新理念"对意见和政策发挥效果"之前都要经历多年的研究和教育；但在另一些领域，时间将大为缩短，短至"月、周甚至日"。约瑟夫继续说道：CPS手中早已掌握了许多研究，这些研究将"挑战许多被认作标准的理念"。

"英国需要社会市场经济"

从一开始，CPS的使命就是"建立并为英国带来坚实的政策，这些政策基于公正给人们以尽可能多的自由，以及复兴企业文化的必要性"（CPS 1989a）。换言之，自中心建立起就试图"在曾经采取社会主义措施，或者至少将国家对经济的干预视为理所当然的社会中，使人们接纳市场经济"（Halcrow 1989:67）。哈尔克罗指出：

> 早些年间，关于过多地谈论"市场经济"是否过于大胆，人们做了许多讨论。一派认为谈论"社会市场经济"或许更好一些。该词是对Soziale Marktwirtschaft的直译，是一个在（西）德国非常有效的体系——粗略地说，该思想认为能够自由运作的市场经济提供了人们想要的商品和服务，并且比任何中央计划体系都做得更为民主。（Halcrow 1989:67）

CPS成立之初，对中心的建立者们来说，相较于"市场经济"，"社会市场经济"有两项重要优势：

一是"社会"一词表达了市场经济并不与社会理想主义冲突的思想；实际上，没有市场经济，社会理想主义是不可能实现的。另一个优势来自该概念与西德的联系：这种联系保证了中心在保守党面前想要维持的名声，即（CPS的）存在只是为了研究国际层面的企业经济学成果。（Halcrow 1989:67）

当时，西德的发展被视为一种经济奇迹，而英国却没能实现类似发展，所以提到西德的"社会市场经济"是正确的判断。然而这再次避开了一个严重的问题：证据表明，西德成功的一个重要因素是CPS及其盟友强烈谴责的社团主义措施（见Marquand 1997:179—185）。如果我们认为即便没有社团主义文化，西德也能实现繁荣的话，那至多则导向西德为何如此与众不同的问题——而更严重的是，像国家经济和社会研究所那样的团体在过去对其他国家政策相关问题的研究，是否就变成了无可置疑的设想，即不论环境如何，理念都是通用的。在最坏的情况下，这会导致人们去猜测英国的困境是否归咎于过度的个人主义，这种个人主义表现为工团主义者将个人的利益置于国家利益之上，也表现为工业家为了利益最大化而偏好向国外投资。毫无疑问，我们可以在不抛弃经济自由主义的前提下找到这些问题的答案，但CPS那无须辩驳的设想却表明他们再次利用了在其大力宣传下皈依的坚定信徒。虽然中心显然十分关注学术争论，但其对"社会市场经济"口号的运用却揭示了CPS的主要期望在于用热忱来使读者欲罢不能，而不是用详尽而自我批判的分析来使他们信服。这一时期，经济事务学会愈发展现出自满的迹象，由于经济事务学会和CPS之间的亲密联系，后者从一开始就掉进了同样的陷阱，这不足为奇。

1975年，CPS发表了题为《英国为什么需要社会市场经济》（*Why Britain needs a social market economy*）的小册子，正文由奈杰尔·文森和马丁·瓦萨尔（Martin Wassall）合写，前言由基思·约瑟夫操刀（CPS 1975b）。小册子认为英国需要"社会市场经济"的原因很多，但主要是因为：

> 我们从经验中得知，市场经济之外的唯一现实选择是计划经济，而在计划经济中，狭隘的、短期的权宜之计反映出互相冲突的政党政治利益支配了政府的经济活动。我们同样学到了——或是重新学到了——计划经济意味着命令式的社会，意味着为了保证对经济生活的支配毫无争议，国家必须加强对人民生活的控制，并且限制他们在教育、健康、住房、就业、事业、储蓄、能够接触的表达媒介和信息获取渠道方面的选择自由。简言之，计划经济意味着增加公民的依赖性。因此我们重申自己的信念：拥有财产和生产商品及服务自由的市场经济是其他自由的必要前提。（CPS 1975b:3—4）

小册子提出："法律和社会服务的慈善框架内"的市场经济使得"物质、社会和文化得以最为自由地发展，也提供了追求幸福的机会"（CPS 1975b:3—4）。实际上，社会服务的范围和质量：

> 关键取决于工业的健康和效率。工业独自创造了为社会福利买单的财富。越多工业获得自由——实际上越被鼓励——去做好创造财富的关键工作，能用于社会目标的钱就越多。相反，当工业受到中伤和压榨，结果便是低利润、低工资、就业机会减少，纳税能力因此下降，贫困得不到缓解，教育也无法发展。简言之，有利可图的、高效的、欣欣向荣的工业是慈善的、同情的、文明的社会的前提条件。（CPS 1975b:4）

小册子的作者们声明了自己对自由市场的支持，他们并不承认这意味着对自由放任主义的倡导，他们无意将政府排除在经济和社会事务之外。他们认为市场体系毕竟不是"十全十美"的：

> 市场的缺陷是众所周知的：市场自身并不能保证价格机制能够反映个人和社会成本/利益的偶尔分歧；市场往往无法为那些因不幸而无法自给的人提供帮助；市场中的收入、财富和经济权力分配机制也是许多人无法接受的。（CPS 1975b:8—9）

作者们认为这些缺陷和不完善之处表明了一种"明确的需要"，即用各种扶助老人、病人、残疾人和失业者的社会政策来"补足"市场体系。贫困和失业是不应被容忍的，而即使在没有任何干预的情况下，它们也会出现（CPS 1975b:9）。简言之，经济发展还是需要一些政府干预的。乍看之下，这与CPS的主张相对立，中心声称完全的经济自由和国家管控之间没有中间道路，但这种主张并不会使自由市场的拥趸感到担忧——他们渴望资本主义思想体系与人类思维和谐共处。他们认为政府干预应当采取某种形式，以限制其导致的市场扭曲：

> 为了创造并定期更新法律框架，政府干预是必需的，因为私营企业在该框架内互相竞争并对消费者的需求做出应对。政府的明确职责是减少限制性实践和对垄断权力的滥用，不管使用者是企业、工会还是专业协会。政府必须作为建立规则的平台而存在，并且委任一个仲裁者来解释和执行规章。（CPS 1975b:9）

社会市场哲学并不是平均主义的信条，因为它是基于对平等和个人自由之间的"根本矛盾"的认可。小册子的作者们认为：在某种程度之上，平等的加强只能以牺牲个人的自由为代价：

> 当然有可能通过政府行动以在不毁坏市场经济的同时修改收入和财富的分配——但这一进程前路有限。虽然竞争性资本主义在破坏阶级藩篱和行政

等级方面硕果累累，但切实可行的市场经济也确实使一部分个体的财富和收入远远高过普通公民。（CPS 1975b:13）

小册子的结论是英国必须设法滋养"一个企业自由的社会，在这个社会中，成年个体有自由在有限的生活禁区之外进行自我决策，享有如此带来的自尊与自爱"（CPS 1975b:16）。归根结底，"只有当自由市场——尽可能不受约束地——运转起来，每位公民的生活水平才将得到提高"（CPS 1989b）。

一个道德问题？

当然，CPS不是唯一一个提出"尽可能不受约束地"运作自由市场是提高公民个体生活水平的必要条件的机构。本书其他章节中讨论过，在经济事务学会和亚当·斯密研究所（见第三章与第五章）这样的新右翼团体中，这种新自由主义信念非常普遍。然而，在论证社会市场经济案例时，CPS同样涉及了道德价值问题，中心宣称该问题造就了市场机制的基础，并最终使其得以维持。正如我们在之前所看到的，CPS的创立者们试图呈现的是"在法律和制度的人道框架中运转的自由市场经济……道德和经济层面上皆然"。CPS早年间的文化问题据说是"国家主义"。据称有太多人依赖于国家供应，而能够自给自足的人极少。这一论断似乎与健康的市场经济的必需品是国家对穷人的支持的理念相对立，但对经济自由主义者来说，这一矛盾比现实中更为明显。因此，CPS创立者们对重振维多利亚时代的拼搏、节俭和自给自足价值观早有兴趣；重心从同时代西德的经验转向英国（如今看来非常遥远）的过去。实际上，维多利亚时代的价值观是20世纪70年代中期之后撒切尔保守主义中经常出现的主题（至少在政治辞令上是这样）。

1975年1月，约瑟夫提出"我们一生所求的政治目标"应当是鼓励资产阶级化。据约瑟夫所言，资产阶级价值观中的一个重要元素便是"更长远的投资回报周期，他们愿意控制欲望，并且长年累月地辛勤工作、学习、储蓄、打理家庭的未来"。他继续说道：从历史上来看，资产阶级价值观总要依赖"个人的经济独立"。预感到保守党将重回白厅的约瑟夫补充道：未来的保守党政府要承担一项重要的使命，即"重新创造条件以使我们珍视的价值观能够成为社会的黏合剂。我们的工作是重新创造条件以使维多利亚时代已然大为发展资产阶级化更进一步"（Joseph 1975:56）。

1976年7月，玛格丽特·撒切尔对大伦敦青年保守党的演讲中也出现了维多利亚价值观。撒切尔在演讲中坚持认为：

> 自由社会中的选择意味着责任。经济责任和其他形式的对自己、家庭、公司、社区、国家、上帝的责任并无明确界限。道德存在于对两种可行道路的选择当中。道德的人是在大小问题上都践行自己选择判断的人，他们将自己的道德准绳，如是与非，铭记于心。如今，他做选择的权利和责任都被国家、政党和工会夺走了，那么他的道德能力——他做选择的能力——就萎缩了，他就成了道德上的跛子。现在人们可以选择自食其力还是依赖政府的救济了。（Russel 1978:104—105）

通过阐述自己的道德观，撒切尔向听众明确无疑地展示了这一道德观的来源：

> 维多利亚时代见证了自由企业的资产阶级化，也见证了各种志愿慈善活动的大扩张：新医院、新学校、专科学校、大学、新的孤儿基金会、非营利性的住房信托基金、传道会。社会主义宣传对维多利亚时代的态度很差劲。那是一个人们不断积极努力的时代，改善普通人命运的渴望在当时是有力的因素。我们在很大程度上还以维多利亚时代的道德和物质资本为生，所以几

乎不可能诋毁它。(Russel 1978:105)

显然撒切尔夫人将保守党评论员如沙夫茨伯里勋爵（Lord Shaftesbury）和本杰明·迪斯累利（Benjamin Disraeli）对于"维多利亚"的攻讦算作她口中的"社会主义宣传"了。

对撒切尔来说，维多利亚价值观"是我们国家迈向伟大之时的价值观"（Jenkins 1989:67）。意即英国的经济衰退与脱离该价值观有一定联系——撒切尔夫人誓要阻止这一颓势，重振英国经济。加上这一主题的其他版本，它们都未曾尝试解释衰退过程的源起；例如马丁·维纳（Martin Wiener）的作品表示在慈善的年代，成功的维多利亚人将后代送入公立学校，他们在那里学会了怀疑企业价值观（Wiener 1985）。即便如此，撒切尔夫人也非常肯定可以同时恢复经济和道德，这一设想反映在她和约瑟夫一手创立的CPS的活动中。

在1983年4月接受伦敦广播公司电台的采访中，撒切尔夫人再次回到了维多利亚价值观的主题，并表示恢复这些价值观或许是经济复苏的前提条件。

> 我被维多利亚时代的祖母抚养长大。我们所受的教育是要努力工作，是证明自己，是万事靠自己，是用自己挣的钱来生活。我们所受的教育还有整洁近于美德，自尊自爱，向邻居伸出援手，为自己的祖国感到骄傲。这些都是维多利亚时代的价值观，也是长久不衰的价值观。如今你不太能听到这些东西了，但他们是优秀的价值观，引领着生活水平的巨大提高。(Crewe 1989:239)

撒切尔的亲信，尤其是CPS的作者们，都频繁尝试以价值观的名义来解决经济问题；他们热衷于强调对社会主义者的所有要求来说，资本主义都是在道德方面更为优越的制度（见Inter alia, Griffiths 1985; Harris 1986）。在经济衰退和复苏的背景下，CPS对传统——或维多利亚——价值观的再发现萌生了巨大兴趣。举个例子，格特鲁德·梅尔法布（Gertrude Himmelfarb）于1987年在CPS向受邀而来的听众做了一次夏日演说，她以"维多利亚价值观——与二十世纪的纡尊降贵"为主题。她认为一些历史学家将得体的理念和价值观与统治阶级（或中产阶级）用来统治从属阶级（或工人阶级）的社会控制工具联系起来了。梅尔法布认为这种社会控制的论点是有瑕疵的，没能解释一个"麻烦的事实"，即许多工人阶级个体和他们的家庭——不只是"工人贵族"，还有半熟练工和非熟练工——都将那些价值观接纳为己用了。简言之，努力工作、节制、节俭和深谋远虑等价值观从来都不是中产阶级或资产阶级专属的，而是任何人都能拥有的平凡美德。梅尔法布认为这些价值观没有什么高贵或特别之处，并且无须特别的培养、地位、天赋或金钱就能保有它们。至少在这种意义上，维多利亚价值观也可以被视作民主的价值观，或是普通人都触手可及的平凡美德（Himmelfarb 1987）。梅尔法布和撒切尔夫人都忽视了一个问题，即在愈发世俗的社会中重建植根于基督教道德观的维多利亚框架的问题。即便是梅尔法布——一位公认的研究这一时代的专家——也无法对维多利亚时代精神的失却给出令人满意的分析。如果答案是日益增加的国家干预破坏了美德的话，那么进一步的问题便是为什么维多利亚时代的人会允许自己被拖入这种社会主义实践当中。可以理解的是，对经济自由主义者来说，他们应对"我们如何走到这一步"这一问题的方式是粗糙地阐述，而非进行详尽的历史研究。与"社会市场经济"一样，我们也只能将维多利亚价值观看作一个口号，而它引发的问题比解决的还要多；作为一家热衷于社会问题的机构，CPS必须至少承担一部分责任来督促人们重复这些口号，仿佛那样他们就能获得满足。

　　CPS尤其在20世纪80年代中期之后对道德和文化问题展现出较大的兴趣，这方面的另一个例子与美国的"依附"理论家有关，如劳伦斯·米德（Lawrence Mead）和查尔斯·穆雷（Charles Murray）。虽然对处理福利依附问题的政策设计和执行各有千秋，但使这些理论家聚在一起的是一个主张：现代社会的贫困问题不单单是一个经济学问题（或者说是穷人群体缺乏资源），而且部分是许多穷人的文化态度和文化倾向问题。他们称在福利国家体系之下，穷人越来越依赖于国家，并且失去了主动意识，职业道德被削弱，并且至少某些穷人失去了对家庭和整个社会的责任意识。1987年3月，CPS与曼哈顿研究所（Manhattan Institute，该所于1984年率先出版了穆雷针对美国社会政策的专著《失却》（*Losing Ground*），并联合组织了一场为期一天的会议，会议目标是将这些问题引入英国学者、新闻工作者和政策制定者的视野（CPS 1987）。与公共选择理论一样（见第三章），在对文化背景差异的影响缺乏足够关注的影响下，经济自由主义者倾向于全盘接受美国人对社会问题的分析。然而对CPS及其盟友来说，重点是该理论似乎与他们业已握有的经济信条相符。（进一步探讨见Hoover & Plant 1989；Denham 1996）

中央局与保守党研究部

至少在一开始，在撒切尔夫人于1975年2月刚刚当选保守党党魁时，她并没有能力对当时党内的组织结构以及继承自爱德华·希思的影子内阁成员做多少改变。然而她也确实任命安格斯·莫德（Angus Maude）代替伊恩·吉尔莫尔爵士（Sir Ian Gilmour）成了保守党研究部的主席，也任命基思·约瑟夫为保守党政策顾问委员会（Advisory Committee on Policy，ACP）主席。重要的是，约瑟夫还被委以全权负责保守党政策设计的重任（Ramsden 1980）。托德认为这实际上使约瑟夫"在保守党研究部和CPS中都插了一脚，这无疑给保守党内担心乔瑟夫会偏向CPS的人吃了一颗定心丸"（Todd 1991:19—20）。对约瑟夫的这两项任命同样有助于减轻（虽然不能完全消除）CPS和保守党研究部之间的矛盾和冲突。

至少可以这样说，成为保守党党魁之后，撒切尔就对保守党中央局（Conservative Central Office，CCO）和保守党研究部持怀疑态度。当时，中央局和保守党研究部的许多人员都是希思任命的，并因此没有在新党魁的竞选中出力。塑造了撒切尔对中央局和保守党研究部态度的第二个因素——也是更为重要的一个——是许多中央局和保守党研究部成员与撒切尔及其支持者的思路相异。尤其是克里斯·帕藤（Chris Patten）领导下的保守党研究部，对撒切尔和她的支持者来说，前者似乎在许多方面都对前任党魁们的思想和政策愿景保持着忠诚——截止到希思。结果，撒切尔夫人和基思·约瑟夫爵士在党内占据了高层优势，曾任CPS理事长的大卫·威利茨在1991年回忆道，这意味着保守党1979年大选准备阶段的工作，不管是政策层面还是思想层面，大都在CPS、在时任理事长的阿尔弗雷德·谢尔曼的领导下完成（*Interview*，1991年4月）。约瑟夫勋爵强调：CPS"在那个阶段对国家和保守党人的再教育做出了重要而积极的贡献"（*Interview*，1991年5月）。帕特里克·科斯格雷夫（Patrick Cosgrave，1975—1979年担任撒切尔的特别顾问）提出尽管他在与CPS打交道方面"花了很多时间"，却"一次都没有咨询过"保守党研究部（Cosgrave 1985:33）。

经营方法

自1974年成立以来，CPS的经营是通过赞助保守党政客发表演讲（主要是撒切尔和约瑟夫）、向议会和特别委员会提供政府以及建立考察特定政策措施的研究小组来实现的。中心的主要目标是"将对个人自由、经济企业和社会责任的信念转化成政府能够付诸实践的政策建议"（CPS 1989a）。他们发表了不计其数的政策研究成果，这些成果"被派送给内阁大臣和政府各部，发给媒体和参与英国政治生活的广大人群"（CPS 1989a）。1991年，CPS理事长大卫·威利茨明确了中心履行的三项功能。第一项功能与巩固现存的英国保守主义的基础有关，即"不时提醒人们我们心中的保守主义代表着什么"。第二项功能是制造小册子并参与教育、卫生、社会安全和私有化等领域的政策讨论。至少在保守党于1979年5月重新执政之后，中心的第三项功能都是使自己成为保守党官员的思想基地，为想要尝试新观点的官员（以及唐宁街政策小组成员）提供私人资源（*Interview*，1991年4月）。怀着对上述目标的追求，中心的工作以下面的方式进行：

> 教育、法律、商业、地方政府、国防等领域的杰出人士组成研究小组或工作组。威尔弗雷德大街上定期举行会议，讨论时政问题，构思未来的政策。这些有时是中心自愿的工作，有时以书面形式呈交官员和政府部门，有时表现为应政府要求举办和刊发的会议和文章。（CPS 1989a）

中心前任主席、斯温纳顿勋爵（休）托马斯在1989年写到了CPS的经营方式：

> 我们嗅到了一个问题或是一系列问题；它们或许来自我们的理事或捐助者之间的对话，或许来自到威斯敏斯特或白厅的访问，然后我们找到一名撰稿人或成立一个工作小组来思考这一问题。我们为这位撰稿人与研究同一主题的人牵线搭桥，不管那些人是在学术界、商界还是任职于政府。我们希望对我们抱有同情的官员能关注我们的事业。我们是先驱者、侦查员和引领者——如果必要的话，也可能被否认。（CPS 1989b:6）

虽然在意识形态上有诸多相似，但CPS一直认为自己至少在某种程度上区别于其他智库，比如经济事务学会（见第三章）。"CPS认为其他团体和机构离政客都有两步之遥,并且以更具学术性的受众为目标;而他们自己离重要的决策者却只有一步的距离。"(Todd 1991:20—21)需要指出的是,威利茨和托马斯都没有将原创性研究列入CPS的主要功能当中——另一位前研究主管杰里米·希阿墨(Jeremy Shearmur)的论述也支持了这一论断(Shearmur 1995:3)。

上面的论述表示,自1974年以来,CPS采取了各种各样的手段对英国的公共政策施加影响。在中心历史上很早的阶段,实际上在其正式成立之前,基思·约瑟夫爵士就宣称不管是一般而言的媒体还是较为特殊的电视和广播,只要它们"正在寻找经济争论的主角",CPS都将推出合适的发言人(引自Todd 1991:22)。人们认为这一策略将使CPS成员的观点被更广泛的受众所知,不像经济事务学会那样的机构,后者的出版物面对的主要群体是学术圈。

至少在一开始,中心的工作——尤其是谢尔曼的工作——主要是为撒切尔、约瑟夫和其他保守党政客写演讲稿(后来还有出版)。CPS和谢尔曼同样为影子大臣和其他保守党下议员提供简报,为他们和艾伦·沃尔特斯这样的货币主义学者安排会面;并且与"形成意见的"记者们定期举行午餐会,以影响政策辩论的指向。涉及讨论的政策领域十分宽泛,多以研究小组的形式进行,小组成员由CPS成员、政客、学者和商人代表组成。保守党赢得1979年大选之后,中心继续向官员们提供简报,同时向议会特别委员会呈交证据。1979年大选不久之后,谢尔曼起草了一份CPS内部文件,上面说到中心将继续直接向玛格丽特·撒切尔、基思·约瑟夫和"其他有需求的大臣和保守党官员"提供服务,撰写演讲稿、简报和专业知识。谢尔曼提出,CPS也将与唐宁街10号政策研究小组、首相私人办公室(Prime Minister's Private Office)和保守党研究部密切合作(Sherman 1979)。在人们的认知中,CPS和撒切尔夫人的关系非常亲密,以至于1985年,当杰里米·希阿墨被任命为研究主管时,一名理事告诉他最重要的是不要做会让政府难堪的事(Shearmur 1995:2)。从这个角度来看,我们很难把CPS在1989年所做的声明当真,这份名为《目的与目标》(*Aims and objectives*)的宣言称中心

"对自己的独立性感到嫉妒"（CPS 1989a）。

CPS的活动形式还包括出版名为《政策研究》（*Policy Studies*）的小册子，并且每篇新闻稿都以摘要的形式概括了研究的内容。这些年来，中心的出版清单不断扩展——第一个十年中，出版达八十余册（Kavanagh 1987:90）。中心同样就特定政策领域组织会议和讨论，以另一种方式为CPS制造曝光度并宣传其成员的观点。政府官员往往会在这种会议上发言，他们热切渴望利用CPS作为激进思想论坛的名声，因为这种思想深深吸引着首相。

此外，CPS成员和保守党领导人之间有着很深的个人羁绊。比如商人约翰·霍斯金斯爵士（Sir John Hoskyns）就是由阿尔弗雷德·谢尔曼首先介绍给基思·约瑟夫爵士，随后才见到玛格丽特·撒切尔的。霍斯金斯于20世纪70年代末开始在CPS工作，那时保守党仍在反对党之位；在撒切尔夫人的请求下，他为影子内阁撰写了一系列政策论文。根据谢尔曼后来的回忆，这些文章开启了"指导影子内阁前座议员政策陈述的先河。但我们很快就发现政策构想及其与政治评价和陈述的和谐才是最优先的"（Sherman 1988）。霍斯金斯的文章成集，名为《垫脚石》（*Stepping Stones*），暗示了保守党在重新掌权之后应当采取步步为营的方式来应对某些具体问题，比如产业关系。

1979年，霍斯金斯成为撒切尔夫人政策小组的组长，他的身边还有诺曼·斯特劳斯（Norman Strauss），他也是由谢尔曼通过CPS介绍给约瑟夫和撒切尔的。撒切尔夫人在1979年当选首相之后，唐宁街政策小组和CPS之间就一直保持着非正式的、个人的联系。最值得注意的或许是唐宁街10号政策小组的四位领头人——霍斯金斯、费迪南德·芒特（Ferdinand Mount）、约翰·雷德伍德（John Redwood）和布莱恩·格里菲斯（Brian Griffiths）——都与CPS有一定联系，不管是作为政策论文的作者（霍斯金斯、雷德伍德），还是作为理事会成员（芒特、格里菲斯）。另外还有两个例子是艾伦·沃尔特斯教授和大卫·威利茨，他们先是政策小组成员，后来成了保守党下议员：

（沃尔特斯）最初是被阿尔弗雷德·谢尔曼爵士引荐给撒切尔夫人的。他曾为CPS撰稿，并且至少在一场保守党大会的CPS分组会议上做过发言。有趣的是，这篇关于经济顾问作用的发言是在撒切尔夫人的赞同之下才进行的。最近的……关于CPS和保守党领导人之间亲密关系的例子是……大卫·威利茨；1987年大选期间，他在保守党中央局中位列次席，（并且）负责每天早上向撒切尔夫人简要报告在史密斯广场举办的记者招待会的情形。（Todd 1991:27）

CPS、唐宁街政策小组和保守党领导人之间这种非正式的联系得到了下议员的补充，这些人往往是官员或有了一定职位。谢尔曼撰写的内部备忘录提到了帕特里克·詹金（Patrick Jenkin）、肯尼斯·贝克（Kenneth Baker）、罗德·博伊森博士（Dr Rhodes Boyson）、汤姆·金（Tom King）、塞西尔·帕金森（Cecil Parkinson）、大卫·豪厄尔（David Howell）、诺曼·福勒（Norman Fowler）等人的名字（Todd 1991:27）。值得注意的是，这些人中有些被看作实践活动家而非理论家；贝克、豪厄尔和詹金都与希思政府有关联。他们与CPS的合作决定性地表明了充满野心的保守党政客有多么看重意识形态站队的正确性，尽管他们自己对经济自由主义思想的支持只是皮毛而已。相形之下，更为狂热的帕金森和博伊森都曾一度信仰社会主义。

一个撒切尔主义的政党

早年间，CPS成员"已然献身于市场和货币主义的新经济学。他们的使命是改变其他人的思想"（Cockett 1994:239）。具体来说，约瑟夫建立CPS的目的就是将保守党转向经济自由主义，并且用奈杰尔·文森（当时已是勋爵）在1991年接受采访时的话说："是为了用政治话语来表达经济事务学会一直以来的思

想"。考科特认为:

> 在约瑟夫和他的同伴的认知中,1970—1971年间的所谓"自由市场"阶段,希思政府遇到的许多问题在本质上都是"政治"问题。原本的经济思想是没错的,但在经济现实中的政治实践却并非三思之后的行动。经济事务学会无法完成这份工作,但CPS可以。对将来由约瑟夫和撒切尔夫人领导的保守党政府来说,如果他们想将经济事务学会的思想付诸实践,那么保守党就必须相信经济自由主义的必要性,而1974年的保守党显然不具备此条件。(Cockett 1994:237)

1974到1979年间,CPS的任务是将经济自由主义的广泛原则转化为实践性质的政策建议,并且"在旧式共识政治仍占主流的保守党内为这些政策赢得支持"(此处的陈述与考科特自己之前的判断,即希思政府"原本的经济思想是没错的"的论断相反)(Cockett 1994:244)。然而,虽然约瑟夫和CPS试图将20世纪70年代复苏的市场经济与传统的"自由保守主义"(Iiberal-Conservatism)联系起来,并借此证明经济自由主义存在于保守主义思想的"主流"之中,但自由市场理念却"从未抓住一小部分保守党下议员之外的人的心,更别说他们的思想了,即便在撒切尔主义如日中天的20世纪80年代中期也是如此"(Cockett 1994:325)。鉴于CPS的出版风格,即在大体上将经济自由主义之外的思想都贬为具有"社会主义"特征的,中心的记录如此缺乏完整性也就不足为奇了。

虽然约翰·梅杰在"撒切尔主义"的下议员和如约翰·雷德伍德这样的前官员手中吃到了苦头,但支持这上述论断的调查证据却不断涌现。举个例子,根据菲利普·诺顿(Philip Norton)的计算,最多只有72名保守党下议员(或20%的保守党议员)可被划分为玛格丽特·撒切尔在意识形态上的坚定盟友(Norton 1993)。此外,一项最近对保守党成员的调查结果表明,"草根"保守党人比传统智慧引导下的更为"进步"——尽管对玛格丽特·撒切尔的喜爱依然强烈。在拥护者层面,对于收入政策、强力的市场规范和社会福利支出的支持依然引人注目——这些都是"为撒切尔主义者深恶痛绝的政策"(Whiteley等 1994:202)。与所有个人调查相同,这些调查结果也有疑点,但在总体上,它们支持了尽管在二十世纪八九十年代的选举中接连胜利,保守党却仍未全然转向经济自由主义的结论。人们的印象反而停留在这是保守党高层的一次思想"政变",其成功与其说是源自经济自由主义思想本身的说服力,不如解释为事态发展与保守党敬重领袖的传统的结合。鉴于其最初的目标,这样的结果一定会使CPS感到失望。

人才选拔与意识形态伙伴

考科特提出,新右翼智库,尤其是CPS对撒切尔主义的主要贡献或许是CPS及其他机构的经济自由主义者:

> 成功地使20世纪70年代中期的一部分保守党领袖相信他们应该接受经济自由主义,以另辟应对糟糕现状的蹊径;随后,这些经济学家不仅提供了实践性的政策建议,而且提供了执行经济自由主义政治计划的人手,这同样重要。(Cockett 1994:325)

当然,由于关键位置上的经济自由主义者不多,这些计划无法完成。谢尔曼在1984年发表在《泰晤士报》上的文章中指出,这是保守党性质的一次根本转变——其影响一直持续到20世纪90年代。谢尔曼提出:中心在政治和经济思想领域的成果或许比不上它"在保守党内引起了一种智识的兴奋感,而这种兴奋感在那时基本为左翼所垄断。没有人再说保守党是蠢货;人们最坏也只能谴责他们沉溺于意识形态"(引自Harris 1996:58)。讽刺的是,写下这些话时,谢尔曼本人的"智识的兴奋感"已被幻灭感所替代,他对第一届撒切尔政府中过度的妥协精神感到失望;1985年,他离开了CPS,找到了一家新的机构:政策搜索(Policy Search)。

CPS确实扮演了保守党人才储备库的角色。最重要的——尤其在早年间——或许是中心有能力为党内的经济自由主义者提供意识形态上的伙伴。保守党内的高级成员能够参加CPS的集会,而不是影子内阁中那种剑拔弩张的会议,这使他们大为放松。而在CPS的集会中,没有人对撒切尔夫人掌权后的方针持有疑义。当然在一段时间之后,这种"我们和他们"的感觉为党内领导权带来了不幸的结果,但在反对党时期,CPS显然扮演了重要角色,维持住了保守党内新右翼的士气。

政　　策

迈克尔·哈里斯相信新右翼智库,尤其是CPS对当代英国政治有着深远的影响。他同时提出由于政策制定进程的复杂性、互相冲突的论述和从理念到时间的时间跨度,我们很难确切地将这种影响分离出来。然而鉴于CPS和撒切尔改革时期领军人物的密切联系,我们也很难否认中心对政府政策(与更广泛的"意见氛围相对")的影响力(Harris 1996:58)。

哈里斯认为,1979年大选后不久,CPS的影响力在于早期的预算(尤其是1981年)、货币主义和工会问题方面尤为重要。霍斯金斯和谢尔曼,加上工会改革研究小组(Trade Union Reform Study Group,TURC)组长伦纳德·尼尔(Leonard Neal),三人不断施加压力,要求将工会改革的思想付诸立法,虽然随之而来的法案没有完全遵循他们的具体建议。因此,正如考科特指出的,1980年7月出台的就业法案只是"实现了CPS想要见到的工会全面改革的一部分,比如宣布二级纠察为违法,却没能废除(所谓)封闭式工厂"。此外,尽管霍斯金斯、尼尔和工会改革研究小组显然成功地使撒切尔夫人相信工会改革不应止步于1980年法案，新任就业事务大臣诺曼·特比特（Norman Tebbit）却"几乎没有采纳工会改革研究小组或其他任何外部机构的建议"（Cockett 1994:301）。讽刺的是，工会改革的渐进主义套路是詹姆斯·普莱尔一手建立的，他是内阁中最坚定的经济自由主义反对者之一，并对《垫脚石》提出的备用方针感到无比惊愕。然而考科特提出，通过参与若干政府部门的工作，另一些CPS研究小组也确实单独取得了成功：

> 奈杰尔·文森领导的"个人资本建构小组"（Personal Capital Formation Group）是最成功的小组之一。该组的提议中有三项后来成了政府政策——个人养老金、个人资产投资计划（最初名为"个人储蓄池"）和企业补助计划。企业补助计划是文森的主意……他以个人名义将该计划提交给了时任就业大臣的（詹姆斯）普莱尔。1983年3月，当政府最终采取了……该计划时，普莱尔给文森寄去了一封感谢信："我们花了很长时间去劝说财政部将企业补助列为国家计划——政府的车轮转得很慢。这是你投递给我办公室的主意，我很高兴它有了一个结果。"（Cockett 1994:301—302）

考科特指出：CPS的小册子《面向所有人的易提取养老金》（*Personal and portable pensions for all*，1981年）被时任卫生和社会保障大臣的诺曼·福勒所用，而个人资产投资计划（Personal Equity Plans，PEPs）"最终于1987年由奈杰尔·劳森提出，当然我们同样不能将个人资产投资计划的实施单纯地归功于CPS的工作"（Cockett 1994:302）。就结果来看，这一政策是撒切尔时期最严重的失败之一，成千上万的工人受到劝诱，没有确认职业养老金就签了合同。CPS的成果中得到明确善终的还包括约翰·雷德伍德（在国有工业研究小组中）对私有化的倡导，这使他于1983年被任命为10号政策小组的带头人，该小组专门负责推进政府的私有化计划。20世纪80年代，卡罗琳·考克丝（Caroline Cox）（后来的卡罗琳女爵）领导的教育研究小组（CPSESG）也对政策产生了一定程度的影响。考科特指出，教育研究小组：

> 将参加过（其他）"新右翼"团体的人们囊括在内，比如约翰·马克斯博士（Dr John Marks）（他与考克丝共同撰写了脍炙人口的小册子《理性的强奸》（*Rape of reason*）、迪格比·安德森博士（Dr Digby Anderson）、R.V.琼斯（R.V.Jones）教授、帕特莉莎·摩尔根（Patricia Morgan）、玛乔丽（Marjorie）与亚瑟·塞尔登（Arthur Seldon）、威廉（William）和雪莉·莱特文的儿子奥利弗·莱特文（Oliver Letwin），以及亚瑟·波拉德（Arthur Pollard）教授。教育研究小组就责任制、父母的选择和学校标准等主题提出建议，其中许多都写入了20世纪80年代末的政府法案。教育研究小组中还有个"核心小组"，名为山门小组（Hillgate Group），由考克丝、马克斯、罗杰·斯克鲁顿（Roger Scruton）和杰西卡·道格拉斯·霍姆（Jessica Douglas-Home）组成，该小组提交的一份重要报告受到了首相本人的采纳，而报告中的大部分内容都出现在了1987年保守党竞选纲领中。（Cockett 1994:303—304）

最近有一项研究抨击了山门小组的《谁的学校？》（*Whose schools?*），理由是在仔细检查之下，发现该报告的一些标注与附录参考了另一些新右翼出版物。因此以撰稿者的观点来看，这一"缺乏经验者"眼中研究得当的报告仅仅是一纸意识形态辩护罢了（Carr and Hartnett 1996:145）。即便如此，来自这种小组的观点、理念还是影响了政府的教育政策，尤其在20世纪80年代末期；人们不时地抱怨着一任又一任的教育大臣过分关注智库，而没有听取专业人士的意见（Lawton 1994:80—81）。实际上，CPS在90年代对教育政策的影响更大：

随着（约翰）梅杰做出使每个四岁儿童都能上学前学校的承诺，CPS就这一主题举办了多次会议，而政府官员都有列席（教育大臣埃里克·福斯（Eric Forth）、财政首席秘书乔纳森·艾特肯（Jonathan Aitken））。这是CPS最迅速的成就之一（不算20世纪60年代以来的教育凭证理念），而教育依然是CPS的主要关注点之一。（Harris 1996:60）

虽然CPS做出了许多努力，在1997年大选之前，托尼·布莱尔还是坚持主张他的三条政府优先事项将是"教育、教育和教育"，这表明在许多可能的政策领域中，新工党感到教育是保守党最薄弱的一环，即便掌权十八年之后亦然。随着政客和官员们开始关注统考结果并权衡理论对手的观点，教育制度方面的重要变革定期持续发生。我们可以认为智库干预国家教育大辩论的效果是导致了一种近似于不断革命的状态；当然，直到正在发生的剧变结束，我们才有可能对CPS及其盟友的持续影响下定论。

对CPS这样一家改革派智库来说，让政策被落实最多也只能算斗争的一半；对他们来说，更为重要的是政策在实际操作中的命运。实际上，如果这些政策的实践被认为是失败的，结果可能比从未实践过还要糟糕。凯恩斯主义的支持者在20世纪70年代中期后发现：甚至是不受政策制定者控制的发展中产生的问题，也可能使得政府的"失败"受到长久的唾弃。CPS的经历恰好表明了思想计划在受到实践检验时可能出现的矛盾。1983年之前，托马斯和谢尔曼（两人都是从左翼转投右翼的）"只是泛泛之交"（Cockett 1994:318）。保守党还是反对党的那些年，经济自由主义作为一种有效的思想黏合剂，将这些人聚在了一起。撒切尔夫人执政后，其支持者们转向了如何利用理念战争"胜利果实"的问题，关系往往在这时变得扭曲了。在保守党执政并到了一个所言与所行并重的位置之后，CPS是要声明自己对于保守党的独立性，还是扮演后援小组的角色，突然成了一个至关重要的问题。

CPS状态的问题助长了托马斯和谢尔曼之间的罅隙，但是如果说什么在这些年间变得更为尖锐的话，中心的撰稿人会提起保守党执政的年代。担任研究主管期间，大卫·威利茨表达了一种观点："如果我们批评政府，那么我们是从支持政府试图做的、从对其抱有基本同情的角度去批评的。"（*Interview*, 1991年4月）然而，虽然争议不断加深，以及首相在思想上的灵魂之友选择功成身退，在不惹得一身骚的情况下将该道路付诸实践，比只是口头说说要难得多。1989年，CPS出版了蒂姆·康登（Tim Congdon）的《货币主义的失败》（*Monetarism lost*），书中对奈杰尔·劳森在财政部的表现提出了尖锐的批判；康登后来又在1985年投稿了类似的续篇（Congdon 1989；CPS 1985）。CPS的困难之处在于不管其常驻研究员的观点如何，在政党和原则之间的忠诚竞赛中，许多声名赫赫的作者都选择维护自己理念的纯洁性。然而"良心持有者"这一角色更适合经济事务学会而非CPS，因为后者是首相本人帮忙建立的。当杰里米·希阿墨在1985年抵达中心时，他"不清楚中心的职能何在"（Shearmur 1995:2），这并不奇怪。即使在20世纪90年代中期，资金也显然不是问题。虽然大卫·威利茨和他之后的研究主管杰拉德·弗罗斯特（Gerald Frost）和泰沙·凯瑟克（Tessa Keswick）都活跃有加，CPS还是一直未能从谢尔曼的离开以及构成了过去十年争论基础的核心问题中完全恢复过来。随着保守党再次成为反对党，中心俨然成了领导人发表演讲的场所（甚至也是工党开空头支票的场所），然而CPS明显想要与撒切尔主义的过去划清界限，看上去中心的未来却非常摇摆不定。

小　　结

迈克尔·哈里斯认为，CPS一直脚踏两条船，一边是对智识的诚笃，另一边是与保守党及其政府的接触：

它成立的目的是超出政党范畴，创造公共辩论，却又倚仗政党作为实践其理念的工具。CPS的核心矛盾或许是它离权力太近，却又被明显地边缘化。CPS继续发展撒切尔主义的议程，他们清醒地意识到还有许多地方（推进私有化）可以更进一步，在20世纪80年代政府政策自毁前途的领域（"传统"家庭）也可一试。（Harris 1996:60）

就超出政党范畴、与广大公众对话而言，CPS的命运与经济事务学会非常相似（见第三章结论部分）。经济学观点在1979年之前就筛掉了一些人，而这些机构的创建者们所期望的意见氛围剧变都未曾发生。哈里斯的评论表明CPS对社会问题（尤其是与家庭相关的问题）的关注要远多于经济事务学会。总之在这一层面，历史的记录与理查德·考科特等作者书中反映出的意气风发相去甚远。虽然CPS不断努力，包括大卫·威利茨也在1991年出版了相关的小册子，但还是未能提出一条关于家庭的、条理清晰的政策。经济自由主义的实施在某种程度上妨碍了社会安定，这对CPS来说是严重的打击，而中心似乎对此毫无准备；他们的反应更倾向于祈祷问题不再存在，而非寻找根源、解决问题。比如威利茨出示了一组数据，表明社会性剥夺与家庭破裂之间的关联，这只是让人们注意到了一个事实：1979年以来，在保守党政府的治理下，贫富之间的鸿沟越来越大了（Willetts 1991:12）。虽然约翰·梅杰那命途多舛的1994年"回归本原"竞选纲领的推动力来自唐宁街政策小组，但他的惨败却反映了政府及其CPS顾问没能克服经济自由和社会威权主义之间的矛盾——杰里米·希阿墨在20世纪80年代中期论述教育研究小组时提到过这种分裂："这些人自视参与了从左翼疯子的毁灭之手中拯救教育的圣战"，因此看上去"在政治上与其余中心成员截然不同"（Shearmur 1995:2）。

我们不能说如果理念不够清晰连贯，就永远不能在政治社会中生根发芽，但是伴随着"回归本原"而来的奚落强有力地表明了新右翼计划中的矛盾只能被暂时制止，因为官员们仍在谈论西德式的经济奇迹，他们仍然希望使公众相信其政策有助于带来全面繁荣。幻想的肥皂泡在第二次经济萧条中破灭，为那些在第一次萧条中免受损失而沾沾自喜的人们带来了经济不安感，如果保守党在这时使公众相信其良好的意图而非思想的明确性的话，他们仍有可能守住权力。内阁中的经济自由主义者直到最后都认为他们的思想内核是正确的，只是缺乏沟通，但没有相应的证据支持这一观点。截至1997年，在保守党执政的十八年中，他们致力于使公众相信他们代表着经济效率与社会同情的混合体——"社会市场经济"代表的立场——但是在大多数选民眼中，保守党既冷漠又无能。

不管新工党领导人的真实想法如何，至少在某种程度上，保守党在1997年5月的溃败都必须归因于CPS没能为政府开发出一套条理清晰的思想体系（尤其在中心专擅的社会事务领域）。中心犯了一个致命的错误，即相信了自己的宣传攻势，而保守党的连续胜选加大了这个错误，他们忽略了大众选票比例的持续减少。把争论不休的CPS地位问题放在一边，中心自称距离政策制定一步之遥，这本应保证它比忙碌的官员们有更宽阔的视野。在中心对机会利用不够充分的失败面前，任何短暂的成功都显得微不足道，尽管它曾助力了20世纪80年代激进变革的形成。

第五章　亚当·斯密研究所

起　　源

亚当·斯密研究所（Adam Smith Institute，ASI）的构想始自1976年，来自苏格兰圣安德鲁斯大学的三名毕业生——马德森·皮里（Madsen Pirie）与埃蒙（Eamonn）和史都华·巴特勒（Stuart Butler）两兄弟。经过一年的准备，研究所于1977年8月31日正式成立，搬入了大乔治街WC1的办公室，邻近财政部和威斯敏斯特宫。ASI的主要成员包括主席马德森·皮里和主管埃蒙·巴特勒。巴特勒与皮里一起"经营着研究所。两人的职能似乎有所重叠，但总体看来，巴特勒更多负责机构的日常经营，而皮里是出主意的人"（Heffernan 1996:73）。另一位创始人史都华·巴特勒继续在位于华盛顿的传统基金会（见第一章）做着政策分析工作，该智库与ASI保持着良好关系，如今史都华已成为主管国内政策研究的副主席（Cockett 1994:282）。黑姆斯与费齐（Hames and Feasey, 1994:223）指出：ASI与传统基金会很相似，只不过比起富裕的后者，ASI的规模要小一些。与传统基金会一样，ASI"专攻相对简短且有问题指向的出版物"，而某些广为流传的出版物显然仿自美国的保守主义机构。

ASI被描述为英国新右翼智库中"最年轻、最具思想冲击力，且自认'童言无忌'"（Hames and Feasey 1994:223）的，研究所与经济事务学会的相似之处在于都宣传自由市场思想（见第三章）。黑姆斯与费齐也提到了两者之间的一个重要差异：

> ……亚当·斯密研究所……倾向于为政治问题提供更为现实的自由市场解决方案，而不是采取（经济事务学会那种）干巴巴说教的方式。ASI（同样）想要区别于政策研究中心，它与保守党组织的联系较少。然而，随着ASI对撒切尔政权的热情迸发，想要维持这种绝对的独立变得更有挑战性了。（Hames and Feasey 1994：223）

事实上正如我们所见，经济事务学会的风格并不是"干巴巴地说教"。更确切地说，ASI吸收了之前研究所的所有平民主义工具，并更直接地用于政策工作。

ASI的起源之地是苏格兰的圣安德鲁斯大学。亚当·斯密的出生地就在圣安德鲁斯大学校园方圆50英里之内，1976年是他逝世二百周年，人们开启了关于新研究所的热切讨论。圣安德鲁斯大学中走出了数位新右翼中的显赫人物，包括后来的苏格兰事务大臣迈克尔·福赛斯（Michael Forsyth）。通过以亚当·斯密来命名自己的研究所，ASI的创始人意图证实他们对市场自由主义的信仰和自己的苏格兰之根。ASI创始人们宣称斯密是"我们的一员"是否合理尚存争议；但斯密的《道德情操论》（Theory of moral sentiments，1959）并非关于个人主义，而在18世纪背景下，他那更为人熟知的《国富论》（Wealth of nations，1776）被解读为要求政府更多地干预国内经济；主要的症结在于斯密反对保护国内市场不受对外贸易影响的重商主义。作为一位生平尚未被完全发掘的谨慎学者，斯密肯定不会对研究所的疯狂行为有多少认同。

表面上ASI由六人管理委员会经营，委员会主席是奥斯丁·彼得爵士（Sir Austin Bide），（埃蒙·巴特勒和马德森·皮里之外的）其他成员还有拉尔夫·贝特曼爵士（Sir Ralph Bateman）、罗伯特·克拉克爵士（Sir Robert Clark）和约翰·格林波罗爵士（Sir John Greenborough）。虽然委员会中另外四人都有在工业和公共服务部门长期工作的经验，但皮里和巴特勒仍是研究所背后的主要动力。1992年，研究所又增加了会议部和国际部。每个部门都独立运作，拥有独立的委员会（在管理委员会的统一监管之下）并且有专门的财政拨款。在三个部门委员会都有任职的只有巴特勒和皮里（Heffernan 1996:75）。

国际部地址与ASI主楼分隔开来，其任务是监督研究所的海外工作。这标志着ASI尝试通过经济自由化和市场化的国际趋势来积累资本。国际部号称在超过30个国家实施了研究计划（ASI报道称其成员"为超过50个国家的政府领导人提供简报"），其作品受到了摩尔多瓦、波兰、蒙古国、厄瓜多尔、立陶宛与特立尼达和多巴哥退休和现任官员的认可。通过国际部的工作，ASI试图建立自己全球政策顾问的形象，时刻准备着在经济自由化的广阔领域中提供建议和指导。赫弗南（Heffernan）认为：会议部和国际部的建立标志着ASI的新起点，"或许标志着向政策咨询的转变，这终将使研究所的收入大为增加，一朝翻身"（Heffernan 1996:75）。实际上，1996年，亚当·斯密研究所国际部报告了150万英镑营业额中有30万的盈利，使其在经济层面成为ASI活动中最引人注目的

（《劳工研究》[Labour Research]，1997:11）。一种怀疑论观点认为随着战后国际秩序的崩溃，外国客户（尤其是前共产主义国家的客户）或许能够更轻松地实施激进的政策变革，无须经历民主建制已久的西方国家出现的抵制。实际上，第一例全面的货币主义实验就发生在皮诺切特将军的智利。

在国内经营层面，ASI只聘用了3到4名常驻研究员，其余以短期合同的形式招聘年轻的实习人员和学生做补充。从一开始，ASI就是一家"低成本、低预算的机构"；建立的前十年，皮里和巴特勒都未从研究所支取工资（Cockett 1994:284—285）。与经济事务学会一样，ASI的财政基本上依靠企业和个人资助。而与经济事务学会不同的是，ASI不是一家慈善机构。1993—1994年，研究所收到了约10万英镑资助——在美国同行看来，这笔资金微不足道（Heffernan 1996:76）。

ASI的创建者们回溯了政治右派的活动记录。皮里和巴特勒兄弟都非常熟悉经济事务学会的出版成果，也是经济自由主义事业的狂热拥趸，埃蒙·巴特勒尤甚：他总是非常积极地购买经济事务学会的作品，而皮里表达敬意的方式是致信经济事务学会创始人安东尼·费舍尔，那封信于1975年自美国跨洋而来。

> 我对经济事务学会一直抱有一种看法：它对高校和学院里的下一代有着最为深远的影响。与成千上万的其他人一样，我也是在大学期间第一次接触到经济事务学会的作品的，那正是我开始构建自己理念的时期。经济事务学会的学术声望极高，出版的研究成果涉及的话题范围又是如此之广，还对致力于自由市场和自由主义理念的探索者提供了大力支持……
>
> 由于经济事务学会的大部分成果都集中于实证研究，他们在经济学的学术研究中加入了对政策实际效果的强调。没有经济事务学会现实证据的推动，理论派是不可能对"理想的"经济体系进行推敲的。我认为这是为经济事务学会带来学术胜利的最重要的因素。经济事务学会的观点无法说服所有

人,但它们确实制霸了一些机构,而更重要的是每个地方都有这些观点的代表。当你回想经济事务学会对我观点的影响时,请记得我是个思想家,你就能知道经济事务学会对经济学家的影响有多大了。这一代的学生就是下一代的老师,这就是年轻一代的经济学家为何有如此明显的经济事务学会烙印,他们如今在各自大学的经济学系工作着……

经济事务学会不仅改变了辩论的背景智识氛围,它同样通过相关政党之口直接抒发观点。看到经济事务学会的成果多次出现在下议院和媒体辩论中,你将感到极大的满足。这就是我作为外人、非经济学家对经济事务学会的看法。(in Cockett 1994:190—191)

对比后来发生的事来看,颇为讽刺的是皮里应当提到经济事务学会对"政策实际效果"的所谓关注;奇怪的是,国家经济和社会研究所对政策结果的关注更具一贯性,时间也更长,但他却只为经济事务学会感到高兴。

1971年,圣安德鲁斯大学保守党协会参加保守党全国大会的代表团包含了ASI的三名创始成员。作为对他们眼中希思政府U形转弯(如果真的有这种事的话——也是在起步阶段)的抗议,圣安德鲁斯代表们在1981年6月的《每日电讯报》上炮制了一篇讽刺性的头条文章,预言了各种自由市场思想的胜利。这篇实验性质的头条文章报道了英镑的浮动、"电信"的增长取代了GPO以及最后一批政府简易住房的出售。这至少表明圣安德鲁斯代表团具备了任何时代的学生都不太可能拥有的政治想象力。考科特回忆道:

他们不仅准确地估算了通胀后的文章价格(15镑),而且报道了即将到来的系列著作,内容关于"一度是电影明星"的罗纳德·里根(Ronald Reagan)在先前11月总统大选中的胜利。有舆论鼓动人们不要太认真地看待这些年轻的自由市场激进者,但即便在1971年,他们也表现出了思考"人所

不能想"的能力。（Cockett 1994:281）

后来到了1987年，皮里对ASI的看法是研究所"做出在他人眼中近乎疯狂的提议，而接下来你会知道他们同样几乎接近于政策"（转引自Heffernan 1996:74）。站在坚定的先驱者的位置，ASI的创始人们宣称自己如今已是政府进程的一部分。实际上，在发表于1994年11月某期《卫报》的一篇采访中，皮里声称ASI这样的智库已成为"宪政的一部分"（Denham and Garnett 1996:58）。

ASI的独特之处在于其工作密切关注政策实施、对自由市场的支持和提议范围的广泛性（Kavanagh 1990:87）。具体而言，研究所炮制了大量对半官方机构的研究，提供了一份详尽的机构清单并且监督着保守党政府废除行动的（形形色色的）记录。研究所同样非常积极地推广私有化、解除管制和地方政府合同外包服务相关政策。皮里认为私有化源自一种认识：公共部门供应的短缺是固有问题。由于无法实现对公共部门产出的有效管控，所以应当将公共部门现有的服务和活动全部，或至少一部分，转移到私营部门，这种转移将使他们脱离政治实体的身份，转化成经济实体。对皮里来说，只有私营部门能够充分运用经济规律并创造动机，以保证商品和服务的产出（或供给）根据个人消费者的选择（或需求）做出适时而准确的反应（Pirie 1988b：52—53）。

欧米伽计划

1982到1985年间，ASI的精力主要用于所谓的欧米伽计划（Omega project），该计划的一系列报告逐步构建起了一套相当系统的政府计划。莱维塔斯（Levitas）指出：该计划代表着"当时最具野心的尝试，试图阐明新自由主义对社会政策的意义并且……是自由主义新右翼乌托邦的重要表达"（Levitas 1986:82）。在设想中，欧米伽计划是要填补公共政策研究领域的重要空缺。ASI

的《欧米伽档案》(*Omega file*，Butler等，1985年）的编辑们在他们对计划发表的结果的导言中提出：

> 民主社会中，刚刚开始执政的政府往往能意识到……他们面对的问题，却缺乏完善的政策选项……欧米伽计划是对英国政府活动的最完整回顾，它呈现了一项计划下受到讨论研究的各种政策倡议。（Butler等 1985:1）

卡瓦纳夫（1990:88）回忆道：

> 来自企业、媒体、公共事务和高校的人们组成队伍，被派去检视每个政府部门的工作。每个小组的职权在于提议哪些活动可以从公共部门转移到私营部门，以及哪些领域有机会开启个人与企业选择。（Kavanagh 1990:88）

欧米伽报告（由个人发表于1983—1984年，于1985年结集出版，Butler等1985）提议对地方和中央政府活动、服务和产业进行大规模的私有化，并且倡导在教育方面的家长选择权、合同外包、重建国民医疗服务制度以及鼓励私营保险。

然而，ASI的《欧米伽档案》不单单是理念的集合。每条政策建议之后都有用立法语言写就的部分，确切地阐明了实施这些建议的方法。皮里在1983年的采访中提到了这么做的原因："等公务员们做好实施建议的准备的话，似乎需要很久。"（转引自Wade and Picardie 1983:8）在皮里的阐述中，欧米伽计划的设计本身就带有"缩短"问题解决期限的具体目标，它向政客们提供一系列广泛的政策目标以及实现目标的方法。

解除管制和私有化是欧米伽报告中反复提及的重要主题。在报告的设想中，可以而且应当通过限制政府作用、增加市场影响来实现更好的责任制。例如报告中针对地方政府、计划和住房的部分就宣称："独立的"供应者应当与公共需求而非地方权威相呼应，因为"他们对盈利的永恒追求……促使他们发现并制造消费者想要的事物"。报告提出在这种意义上，市场"实际上比公共部门更为民主，涉及了针对更多个体且间隔更短的决策"（转引自Levitas 1986:83）。

第一个一百？

ASI发布了一份长长的"战斗荣誉"清单，来表示二十世纪八九十年代英国政府政策中采纳其理念的数量（Adam Smith Institute 1990；Oakley 1989）。其中包括撒切尔政府早期（短暂的）对半官方机构的打击，卫生与社会安全部（Department of Health and Social Security，DHSS）拆分成卫生部和社会安全部两个部门以及利用私营部门进行基础设施项目建设，如达特福德大桥的建设。地方政府层面，ASI敦促公共服务的私有化，例如1980年提议的垃圾回收。研究所同样提议地方政府服务的"公开招标"、创建城市开发公司（Urban Development Corporations，UDCs）并引进了人头税和统一商业税率。上述建议都在20世纪80年代被撒切尔政府兑现为政策——虽然并不持久。

住房方面，研究所于1983年呼吁在新租约中取消房租管制、逐步废除印花税、将政府地产出售给开发商以及结束中间人对产权转让事务的垄断。教育方面，ASI（自1984年起）推动了各种措施，包括增加家长的话语权、学校脱离地方教育部门的能力以及以城市技术学校（City Technology Colleges，CTCs）的形式创建"人才中心"；研究所声称在1988年教育改革法案中，上述建议都有所体现。交通方面，研究所（自1983年起）力主对偏远地区公交车解除管制、国家公交公司的私营化、在城市交通中引进迷你公交车以及机场的私有化。1984年，研究所呼吁燃气、电力和水的私有化，劳斯莱斯的私有化，分割利兰汽车公司，将战舰工厂转移给私营部门以及区域发展补助金的逐步废除（Adam Smith Institute 1990:5—6）。研究所同样赞成废除国家收入关联养老金计划（State

Earnings Related Pension Scheme，SERPS），引入便携式养老金。还有一条建议出现在了1990年的政府政治议程中，即结束出庭律师和初级律师之间的强制分离（Oakley 1989）。

在一份发布于1990年的报告中，ASI称："由ASI研究并发表的创新理念中，出现在公共政策中的已逾百数。"（Adam Smith Institute 1990:1）报告继续宣称：

> 这些建议中已有一部分得到执行，有的已经确定提上日程，还有的激起了公众的活跃讨论。这种辩论过程有时会使最初的倡议得到改善或修补，当然也有原封不动的情况。在某些情况下，ASI显然是理念的主要来源；而在另一些时候它只是众生的一张嘴。

就报告来看，ASI为自己设定的使命的一部分是"新理念的研究，将其以现实的、实际的选项的形式呈现给决策者"。研究所预见到了对他们提议的潜在反对，并且在这些提议进入公共辩论流程之前，尽可能地做了应对措施（Adam Smith Institute 1990:1）。

ASI声称自己在20世纪80年代的英国实现了"非凡的成功"。研究所同样宣扬了其许多策略的"先见之明"，这些策略如今已被"许多国家根据自身的特殊环境"采用了。在为自身工作的影响力感到得意的同时，ASI也承认其成功的很大一部分都要归因于看到他们提议价值的具有慧眼之人，以及"致力于将这些提议提上公共议程并贯穿整个政策制定进程"的人。然而，报告坚信ASI"取得了杰出的成就"（Adam Smith Institute 1990:1）。虽然有人会对ASI达到了"第一个一百"的说法嗤之以鼻，认为那过于夸张（见后），"但几乎没有人会否认（ASI）将话题置入政治议程的能力"（Oakley 1989）。ASI很早就证明了自己的风格，尤其通过将目标定为适当层级的决策者并向他们打包提供资料情报，研究所充分利用了自己相对较少的资源（Kavanagh 1987:88）。

只有理念是不够的

从圣安德鲁斯大学毕业之后,皮里和巴特勒兄弟在美国工作了几年,并对"公共选择"学派萌生了兴趣。这一学派由位于夏洛茨维尔的弗吉尼亚大学的詹姆斯·布坎南(James Buchanan)和戈登·塔洛克(Gordon Tullock)创立,寻求将市场经济学的原则和工具应用到政治行为分析当中。公共选择理论关注的是这样一种设计政治制度的方式:"基于自由意志,将个人自由最大化。最重要的是,这些制度必须对政客的支出分配(因此也需要税收)施加限制,并且将公共部门的垄断最小化。"(King 1987:12)英国人最先通过经济事务学会在1976年的出版物接触到塔洛克的作品(见第三章),但皮里在更早的时候就吸收了该理论。考科特回忆道:

> 传统基金会开发了这一思想的应用方式,即对给定的政治和制度条件提出相对具体的政策建议。ASI的创始人们在70年代从美国返英,他们引进的正是这一策略。(Cockett 1994:282)

渐渐地,经济事务学会将公共选择理论视为一个优秀的借口,来远离污秽的现实政治世界;而ASI倾向于认为该理论是一个充满希望的开端,他们可以借助该理论,将自己的理念用于制度改革。源于自身在美国的经历,埃蒙·巴特勒和皮里将ASI视为自身成为"学术活动家"的媒介,他们可以借助ASI来提议具体政策以实践自己的理念。他们相信,只有通过详尽的政策建议才能实现弗吉尼亚公共选择学派确立的目标(Heffernan 1996:77)。对传统基金会和弗吉尼亚学派的方法和成果做了一定改良之后,他们开发出了一系列政策制定技巧,合称"微观政治学",皮里后来称之为对公共选择批判的"创造性的匹配"(Pirie 1988b)。

虽然起步不太顺利，但ASI设法将自由市场理念应用到现实世界，以其为决心将理论转化为实践的"政策工程师"。根据考科特的阐述：

> 经济事务学会，甚至政策研究中心，或许建立了英国钢铁公司非国有化的理论方案，但ASI提供了详细到每一步的建议，展示了在实践中该怎么做……经济事务学会提供了总体理论和原则，政策研究中心为这些原则赢取了政党作为政治支持者，而ASI为自己找到了"政策工程师"的定位，开发现实的政策建议，在保守党政府执政时，这些建议可以将上述原则付诸实践。实际上，这三家智库的存在直接勾勒出了从理念到行动的路径。哈耶克早已意识到了从"理念"到"实践"过程的必要性，而ASI的工作代表了该进程的最后阶段，理念在这里被转化为现实的政策建议，等待相信这些理念的政党实施。（Cockett 1994:283）

用皮里的话说，他们是跟随"纯粹的科学家"制造改变现实的机器的"工程师"。在《微观政治学》（*Micropolitics*）中，他对希思政府的执政记录做出了新的诠释。书中并未采纳通常的新右翼批判——即希思从未真正信仰经济自由主义，或是他在实施以此为原则的计划时不够强硬——皮里称希思政府"缺乏政策应用的一套连贯理论，并且认为政治领袖的任务仅仅是落实理念"（Pirie 1988a：52）。他提出赢得理念的智识斗争是不够的，必须设计出可以保证落实自由市场的方法，而不是仅仅倡导某种理论。"微观政治学"的核心理念是"要想将自由市场理论的概念应用到利益集团政治的现实世界中，创造力是必要的"（Pirie 1988b：267）。只有通过应用"实践的"理念才能影响真正的变革。

虽然皮里对待希思政府的方式要比大多数新右翼评论家温和，他的论述却也没多么偏心；1970年前的反对党时期，人们抨击希思将政策技巧置于意识形态之前，然后他带着开发完好的（有些人会说开发过度）执政计划进入了白厅。

因此，皮里对希思政府失败之处的阐释展示的更多是ASI的目标，而不是最近的英国历史。皮里看到了政治市场中的缺口；由于经济事务学会和政策研究中心都不能被明确地描述为"政策工程师"，ASI便能宣称这是智库能扮演的最重要的角色，并且证明自己是最适合的。然而同时，皮里也知道他们在撒切尔政府中的客户对思想理念有着非比寻常的兴趣，因此当目标合适时，他就大谈理念的重要性，而在其他地方改口贬低。在某些情况下，"政策的成功导致了理念的胜利，反之则未必"（Pirie 1988b：269）。按照逻辑来看，这句话意味着对改变意见氛围感兴趣的政策制定者应当忽视最初的不受欢迎，期望他们的措施最终将得到采纳——这正是人头税倡导者的心理。

在《就业、利息和货币通论》（*General theory of employment, interest and money*）中，约翰·梅纳德·凯恩斯表示（政治）世界是按照知识分子的理念来统治的：

> ……经济学家和政治学家的思想，无论他们对还是错，都比常人理解的要有力量。的确，统治世界的就是这些思想。实干家自以为不受这些理论的束缚，可他们常常是某个死去的经济学家的思想的奴隶。目空一切的权力者所持有的狂妄荒诞的念头，也往往是从多年前学术界的某个蹩脚经济学家那里偷来的。我确信，跟思想的侵蚀能力相比，既得利益集团的力量被高估了……不论早晚，不论好坏，危险的东西不是既得利益，而是思想。
>
> （Keynes 1936:383）

这段话被装裱起来，镶在经济事务学会门廊的显要位置。与此同时它又是对理念、利益和氛围之间关系的陈述，但这段话却不怎么受ASI支持，因为他们所想的恰恰相反。皮里写道，理念"或许会改变我们的思考方式，但是它们不会改变世界"（Pirie 1988a：52）。赫弗南最近解释道：

就其自身条件来看,(亚当·斯密)研究所并不怎么关注推广(被某些人定义为终点的)理念,而是设法清晰地揭示合适的(被定义为手段的)方法来将指定理念投入实践……结果是研究所更有可能将卡尔·马克思的一段话装裱并展示——"哲学家只是解释世界,而重要的是改变世界",而不是去拥护被经济事务学会奉为圭臬的凯恩斯的话语。(Heffernan 1996:77)

我们在第三章中看到,经济事务学会成型已久的工作方式是通过出版小册子和文章以及组织讲座、午餐会和研讨会来推广自由市场理念,其活动针对的是哈耶克的"二手理念贩子",或者被认为决定整个国家政治思考的"舆论构建者"(记者、学者、作家、广播员和评论员)。在另一边,ASI对理念(理论)和活动(实践)之间的关系有着不同的理解。在理想情况下,ASI预见到了政府在未来的优先权,并且不管通过媒体、非正式联系还是自己的出版物,他们都提供了改革蓝图——只要官员们判断时机合适,就可以立即将蓝图转化为法案。简言之,在ASI眼中,他们的工作是经济事务学会抽象预测的具象化。

虽然规模不大、预算有限,但与其他智库相比,ASI在媒体中亮相的次数还是很可观的。比如1980年,ASI发表了Reservicing Britain,这是一篇关于地方政府服务外包的文章(作者是迈克尔·福赛思[Michael Forsyth])。虽然国家级媒体所留篇幅有限,但詹姆斯·戈德史密斯(James Goldsmith)那短命的杂志《现在》(Now)却全篇刊载了该文。后来,撒切尔唐宁街十号政策小组的带头人约翰·霍斯金斯爵士留意到了该文,他向全国保守党领导的地方组织印发了这篇文章。这种途径基于更具主动性的美国"倡议型智库"(见导言)的实践,表明了在富于想象力的市场宣传面前,大笔预算和充足的人手显得没那么重要。

ASI一直宣称自己是一家小智库,其纲领将研究所的角色描述为"通过研究和公共政策选项来推动学术发展,推动经济和政治科学的进步,出版相应的研究成果"(转引自Kavanagh 1990:87)。同时ASI又是一家与政策研究院、国家经济和社会研究所甚至经济事务学会不同的机构,这是因为前者对政策观点那令人瞩目的快速生产;ASI很可能是英国倡议型智库的最佳例证。

与此同时,有可能导致ASI内部分歧的政治问题也尤为值得注意。比如针对英国与欧盟关系问题,研究所成员"严格保持中立,与保守党内政治组织的分歧形成鲜明对比"(Heffernan 1996:82)。换言之,如果ASI是一家"政治"智库,那么其中的"政治"要素也是有固定界限的。

正如我们刚刚所见,ASI在1990年的一篇报告中称他们有超过一百个理念被兑现为公共政策(Adam Smith Institute 1990:1)。皮里和巴特勒最近"私下声称《欧米伽档案》的624条提议中,已有超过200条被政府落实……并且1988年教育法案的主要内容也是他们提议的结果"(Heffernan 1996:84)。然而赫弗南提出,不应错误地认为ASI自身的理念在撒切尔主义中占了很大分量。他认为这种团体的直接影响都在公共政策的边缘而非中心。

> 作为坚定的局外人,亚当·斯密研究所为自己相对于政府和政治闭环的独立性而骄傲,他们确实在新右翼对抗所谓集体主义浪潮的改革中占有一席之地。他们是热切的支持者而非实际参与者,所以其影响也就是撒切尔马前卒的程度,渴望对保守党在政治工作做出一些贡献。(Heffernan 1996:82)

与新右翼的其他英国智库不同,玛格丽特·撒切尔离任之后,ASI并未疏远保守党,并且在新工党赢得1997年大选之后,研究所很快做出了友善的回应。早在7月,马德森·皮里就对一位记者说他对布莱尔政府印象深刻。乍看之下这似乎有些奇怪,因为20世纪80年代期间,ASI给人的印象是自由主义智库中最为激进好战的,他们与最为强硬的撒切尔主义者组成的"不可逆转小组"(No Turning Back Group)有着很深的联系。事实上,ASI的这一名声来自研究所积极的推销,及其与被视为玛格丽特·撒切尔意识形态旗帜的人头税的联系。虽然

ASI在政策建议方面仍未脱离经济自由主义的束缚，它对实际措施而非意识形态纯洁性的偏好意味着研究所已将实用主义的考量纳入了其理念之中。研究所可以与任何愿意倾听的人洽谈业务。

政策发电站？

几位作者曾将ASI这样的新右翼智库描述为保守党的"外围"，在1979年第一届撒切尔政府上台之前的反对党时期，这些组织实现了当时保守党的政策制定机制，尤其是研究部门没能实现的目标（Barnes and Cockett 1994）。然而这些组织对1979年之后保守党政府政治思想和政策的"特殊贡献"的性质和程度，却不甚明朗。肯尼斯·贝克一度信仰希思，后来他成了一名忠实的撒切尔主义者，在他的回忆录中，这些智库是"20世纪80年代保守主义理念和政策的富有影响力的供应站"，然而关于智库对1979年之后政府政策直接"影响"的铁证却没那么容易得到（Baker 1993:162）。ASI和其他新右翼智库都是一样的情况。

我们已经提到，可以归功于新右翼智库的政策倡议数量相对较少。例如黑姆斯与费齐曾指出："实际上在大西洋两岸都没有任何一项立法是完全归功于某一家智库的。"（Hames and Feasey 1994:231）虽然这一标准非常严格（甚至不可能实现），要评估撒切尔和梅杰政府的具体推动力，却比乍看之下要更难，同样我们也很难确认ASI这样的外部组织对政府各部门工作的直接贡献。在ASI（及其他新右翼智库）试图影响的决策者的公开回忆录中，他们精心建立的幕僚形象并不总是受到认可。玛格丽特·撒切尔在对自己执政生涯的回忆录《唐宁街岁月》（*The Downing Street years*）对ASI只字未提；撒切尔夫人任期内另一些经济自由主义者，如奈杰尔·劳森、乔弗里·豪和尼古拉斯·雷德利的回忆录也将其忽视了（Heffernan 1996:83）。

然而，与其他组织和活动者不同的是，ASI是对人头税负责的。皮里尤其强调他早在1981年的《每日邮报》首先提倡了该政策。然而，人头税的发明归于ASI的这件事一直是围绕着该主题的一个巨大谜团。相对而言，也有说法称ASI与这一著名的政策失败毫无关联（Crick and van Klaveren 1991）。皮里在《每日邮报》刊发文章的时候，官员们正在起草一份关于地方政府财政的绿皮书；绿皮书的最终版本考虑了人头税，却认为那是不切实际的。1984到1985年间，环保部门内部进行了进一步讨论，然而ASI在这方面最为重要的出版物，道格拉斯·梅森（Douglas Mason）的《定额制度之修正》（Revising the rating system）直到1985年4月才面世——此时白厅调查已开始数月。赫弗南提出，在人头税的发起与实行过程中，与自由市场智库相比，其他的非政府活动家发挥了更为重要的作用。这些人中有来自永道会计师事务所的前LSE教员克里斯托弗·福斯特（Christopher Foster），在环保部门的评论中，他发挥了关键作用。一部1980年的著作就人头税作为一种可行费率做了探讨，福斯特是这本书的作者之一。唐宁街政策小组也提供了建议，另一家意识形态色彩较弱的智库，政策研究协会（Institute for Fiscal Studies，IFS）也参与了具体工作。实际上，如果有人多加留意政策研究协会的话，这场实验如果不被废止，也至少会被更加谨慎地对待（Butler等1994:30—31,286,293）。

　　事实上，官员们的推力还有很多，尤其是20世纪80年代末的保守党全国大会代表，他们促使撒切尔政府决定一次引进人头税，而不是像最初打算的那样分阶段施行。如今人头税已是一种证据，证明了在咨询所有相关的利益集团之前，将理论上看似完善的政策付诸实践的危险性；ASI显然无需对这种遗漏负直接责任，但它很有可能帮忙让官员们相信该理念足够优秀，值得为其冒险。讽刺的是，亚当·斯密的第一条税收准则就是"每个国家的臣民都应各尽其力资助政府……尽可能依其在政府保护下所获收入的比例来分担租税"（Smith 1822:255）。爱德华·希思领导下的保守党对斯密更加信服；1974年宣言承诺寻求税率的其他可能性，明确无疑地将支付能力资格囊括在内。撒切尔夫人就是那个为此承诺负责的影子环保大臣（Conservative Central Office 1974:13）。斯密在别处强调："凡利在一地一州的地方费或州区费……即当由地方收入或州区收入开支，而不应由社会一般收入开支。"（Smith 1822:239）然而在尝试增加人头税的政治接受度时，撒切尔政府通过国家税收，大规模地增加了对地方政府预算的补贴。据估计，"至少15亿英镑（税收）浪费在建立、管理和取代人头税之上"（Butler等1994:180）。

最近，ASI宣称对"授权"（empowerment）的理念负责，这是构成约翰·梅杰在1991年发起的公民宪章（Citizen's Charter）的基础。然而，约翰·梅杰政策小组成员、在该概念的开发中发挥了重要作用的萨拉·霍格（Sarah Hogg）和乔纳森·希尔（Jonathan Hill）发现，ASI只是众多宣称为此动议负责的智库之一；另一些智库还包括经济事务学会、政策研究中心，甚至全国消费者委员会（National Consumer Council）（Hogg and Hill 1995:103）。尽管如此，ASI也确实倾注了许多力量，来充实该动议的最初内容，并且研究所在宪章颁布后仍不断提供支援。马德森·皮里一度是公民宪章顾问团的积极成员。不幸的是，虽然这项动议没有像人头税对撒切尔那样为梅杰制造那么大的困难，但选民对此最普遍的反应却是冷漠地置之不理。

小　　结

正如我们所见，任何评估单一智库影响力的尝试都会遇到不可避免的问题。但如果我们可以充满自信地评价某一智库的历史的话，那应该就是亚当·斯密研究所了。ASI自己显然也这么想：在它出版的《第一个一百》（*The first hundred*）中，"研究所认为其研究对建议的成功起了关键影响"的案例，与他们不那么确定的情况泾渭分明（Adam Smith Institute 1990:1）。其中有些主张是引人注目的，比如在1988年要求最高收入税率从60%降到40%的队伍中，ASI只是"声浪中的一员"，然而反对之声中却包括了首相自己，她更偏向谨慎地修改。我们不清楚ASI的建议是否有助于克服首相的不情愿，但不管是首相还是内阁大臣奈杰尔·劳森，在他们的回忆录中都没有将ASI与这激进的一步联系起来。在其他的案例中，研究所的立场广为人知，但从事后来看，这依然不足以成为他们自鸣得意的理由。比如ASI"一百条"的第一条与减少半官方机构数量有关——就对这类机构定义的多样性而言，这一成就要么很短暂，要么根本就不曾存在。根据安德鲁·马尔（Andrew Marr）的计算，撒切尔政府第一年推行的、针对半官方机构的闪电战仅仅使250个人离开了岗位；下议员菲利普·霍兰德是ASI搜寻半官方机构的总负责人，他在1981年时确认了约2500家此类机构，而另外一个独立团体在90年代中期发现了5521家"代表政府利益行使执行功能的非选举型机构"。ASI支持的改革，尤其是卫生和教育方面的改革，促进了非选举型决策者的崛起（Marr 1995:78）。其他成就包括将ITV的经销权卖给标价最高者——撒切尔夫人随后对这一政策表现出诚挚的歉意——以及人头税（成就9号）。

如果我们从表面价值出发来看待ASI的政策"成功"清单，我们会发现它既证明了资金不足之智库的潜在影响，也警告了未来的政府要注意在本质上对政策制定的难度一知半解的机构，因为一点疏忽就会带来不幸的结果。在现实中，我们必须用怀疑论的方法来看待这种证据。如果一家智库提出一项政策建议，它或许是对之前从未作此想的官员的刺激，也可能是为摇摆不定的官员的天平上加了一根羽毛。智库的观点或许有助于巩固政府已有的意图——官员们也有可能根本不读这些建议就直接推进计划。在所有的案例中，智库或许可以说自己的观点是决定性的，但严格地说，只有在第一个案例中，这才是有理有据的。我们已经讨论过人头税的例子，就现有的证据来看，这一案例可被归入"政策强化"之类。另一个随机案例（54号）是劳斯莱斯私有化，但是飞机引擎部门之所以在1971年被希思政府收归国有，是因为当时情况紧急，而新公司早就致力于在合适的时机将该部门收购回来了。撒切尔政府刚迈出产业私有化的尝试性的一步时，一般人都能看出劳斯莱斯是合适的备选。实际上，桑托·维尔亚诺夫斯基（Cento Veljanovski，一位公认的与经济事务学会关系密切的撰稿人）斥责ASI轻描淡写地对待严肃的企业私有化问题——总的来说，该政策与意识形态信念联系越深，就越不受欢迎（Veljanovski 1987:2）。

直到国家档案局发布相关文件，人们才能真正测算ASI对自己政策影响力的声明到底夸张到什么程度——即便在那时，这些证据也不断引起争论。然而，对于ASI（及其他新右翼智库）影响的案例研究已然表明"政策工程师"一词夸大了他们的作用（见Jordan & Ashford 1993）。没人怀疑1979年的大选为这些机构提供了接触政策制定者的史无前例的渠道。不管引领保守党胜利的条件是什么，智库已然看到了不断推进自由市场革命的机会。三家新右翼智库可被看作互补关系，而非彼此竞争；经济事务学会和ASI公开宣称自己是非党派机构，并且各自都是意识形态的"良心所在"，也是现实政策的顾问。我们在第四章看到政策研究中心受自己的独特信仰所累，在与保守党的亲密关系和独立性之间备受折磨，而它最后却落了个两边不讨好。

虽然在许多文献中，撒切尔时代的新右翼智库倾向于团结在一起，但我们必须区分他们的目标和行动。在上述三家智库中，ASI对政府政策的实际影响最大。它与经济事务学会都有"否认"的优势——研究所的独立性意味着它可以提出观点而不怕使官员们尴尬。事实上，ASI可以扮演政府陪衬的角色，思考不可能之事并且保证其思想的广泛曝光度，这可以被视作一种市场测试（或是软化），在这之后政府可以开发一种比最初的ASI建议更为温和的政策，这样他们便可以松一口气了。然而这种情况却被政策研究中心否定了，因为它与整个保守党，尤其与撒切尔夫人过从甚密。在野多年之后，经济事务学会中发展出了对专业政治学的深度怀疑，所以可以理解它倾向于扮演意识形态监视者的角色，判定政府是否坚持了总体方向，它更多地扮演着现行政策的裁定者，而非具体改革的倡导者。相对而言，ASI成立于撒切尔夫人当选反对党党魁之后，并且在1976年9月，工党首相詹姆斯·卡拉汉表示他准备抛弃凯恩斯主义。因此从一开始，ASI就相信自己的使命不是改变意见浪潮，而是顺流而下；不是专注于总体策略，而是在广泛的政策领域关注个体的量度。我们在前几章中看到，对ASI来说不幸的是它对有利的意见氛围的设想要么是一厢情愿，要么来自进一步的设想，即唯一值得担心的氛围就是几位显要的政策制定者的想法（进一步的讨论见第七章）。

有了独一无二的优势，ASI在某种程度上傲慢自大的成功叙述就有理有据了吗？这里的主要问题是为成功找到一个适宜的定义。ASI大力宣扬只有政策的实施才算成功的概念，即你的理念被采纳，这就是目标本身。这一说法完全可以理解，但它恰好避开了结果的问题——在这方面，ASI的政策工程师们比经济事务学会的抽象思想家们有更大干系（虽然皮里之前也给费舍尔写信提过建议，见前）。此处最明显的一点与智库自身的未来有关：如果ASI被确认为失败的政策的主要来源，那么它的影响力在将来会下降（同样见于第四章对政策研究中心的讨论）。在这种情况下，独立的智库变成了理想的替罪羊，而具体问题上面的短暂成功成为长期衰落的最佳方式。在ASI的案例中，还有一个相关因素是其为之建立的意识形态的命运，不管研究所如何宣称其对政策的侧重。ASI对人头税的认同导致在一些人眼中，这一事件不只是政府公关的尴尬，更是证明了死板地应用（或是错用）经济自由主义会导致混乱。人头税不止在一个方面是ASI的挫折。法案颁布的时候，皮里祝贺撒切尔政府"对政治上可接受的事物表现出了极度的敏感"。在《微观政治学》中，皮里继续称智库已经"了解了政治系统的运作方式，并且学会了如何解决其对未来的立法者提出的问题"（Pirie 1988a：51,65）。写下这些话时，皮里显然忽略了右翼学者莫里斯·考林（Maurice Cowling）的警告，后者提出要谨慎对待一种观念，即"只动笔而不统治的人要比统治者更擅长治理（如果他们有机会的话）"（Cowling 1963:1）。然而我们可以说人头税的例子表明无论是政府还是智库都不懂如何执行政策——或是没有政策制定专家可以克服执行不符合大多数公众口味的政策这一难题。实际上，在人头税尚在争论时，该理念还没受到多大的抵制——从后续的发展来看，这意味着政策制定者没能提前做出充分的阐述，所以后来只能承受疏忽的恶果（Gilmour and Garnett 1997:343）。

ASI在20世纪80年代的主要失误是自称政府在各领域政策的"明确的主要来源"，并且"极大地影响了事件的形成"。如果ASI自称"唯一的发声者"，或许会更加明智，尽管这意味着牺牲其对潜在客户的宣传词的部分直接影响。如果研究所那些充满创意的思想家完全有能力制造观点的话，那么他们缺乏的是衡量其影响的资源（或者倾向）。令人遗憾的是，这种颇为随意的政策制定方式似乎蔓延到了ASI的政府盟友当中（其中一些人亲身经历过ASI的方法）。迅速立法又迅速修改或废除的情况太多太多。

模仿是成功的通途，这是老生常谈了，而在这种意义上，ASI的记录堪称辉煌。20世纪80年代涌现了许多新的智库，它们显然追随着倡议型智库的模式，而ASI可能是英国最好的倡议型智库。对ASI来说，要发展，就要赢取媒体覆盖度，对这些新智库来说也是一样。需求潜力是很大的，从渴求活跃讨论的编辑想看到的特征到填满他们的版面，而竞争（不止来自其他倡议型智库）也很激烈。智库成员总能在政治舞台上一展身手，但更好的宣传推广是让其他报纸的评论员也提及自己的政策观点。这使得高速生产热点话题的小册子成为必要，然而即便这些出版物中的观点条理清晰，人们也只是粗略地关注一下它们可能的结果。讽刺的是，倡议型智库的流行趋势是对ASI进行模仿，这使得英国的智库传统从帮助政府进行长期思考的热切，转向了通过算计和误导来推动政府——但愿这只是更加有力的技术革新之声的一部分。

第六章　新右翼之后

20世纪80年代后期起,英国不断涌现新智库,其中一些已经在媒体中赢得了一些声望。这种发展的一个原因是人们认为像经济事务学会、政策研究中心和亚当·斯密研究所这样的新右翼智库至少在某种程度上成功地转变了二十世纪七八十年代英国政治辩论的内容。理查德·考科特指出,一代人以前,经济事务学会这样的机构还被许多人认为是怪人和疯子的收容所,而如今"政党和政客麾下至少有几家智库来证明自己的智识和政治活力,几乎已成为一种社会常识"。英国80年代末发生的智库数量的井喷同样意味着"不论其意识形态信仰如何,任何新建的智库都不得不在拥挤的范围中运营"(Cockett 1996:87)。最重要的是，智库几乎不需要多大支出都能取得成功。与美国的情况不同，英国的智库很可能用一两个充满创造力的思想、一个夺人眼球的名号和一台打字机，就能在媒体中打出知名度。

然而我们不确定这种状态是否会持续下去。在之前列举的所有案例中，我们可以看到：与其他机构一样，智库的命运是取决于历史背景的；他们或许可以在某些条件下茁壮成长，也可能在政治和经济环境改变时以同样快的速度衰落消失。正如我们所见，我们很难提前预测哪些发展是有益的，哪些又是有害的，比如，谁能想到保守党胜选两年之后，撒切尔主义的政策研究中心会为其未来功能的争论所累呢。

然而很有可能的是，玛格丽特·撒切尔于1990年离任时，英国政治光谱的右翼出现了几家新的智库，它们在90年代之后进一步发展了撒切尔的保守主义。这些智库中的第一家是欧洲政策论坛（European Policy Forum，EPF），成立于1992年，在某种程度上是经济事务学会在80年代末内部争论（见第三章）的结果，同样也因为欧洲问题——新右翼智库在总体上避免提及的问题——如今被视为英国最重要的政策领域，吸引着各个层面的执政党成员。第三届撒切尔政府的记录表明，与经济自由主义和社会威权主义的艰难结合（见第四章）一样，欧洲的发展迫使保守党在智库们认为两难的情况中进行选择。奈杰尔·劳森和乔弗里·豪从迅速胜选的第三届撒切尔政府中辞职涉及了许多原因，包括个人的不满，但从根源上看，我们可以追溯到豪和劳森认为国家主权的受限不如英国的经济和战略利益重要这一事实。通过了《单一欧洲法》（*Single European Act*，1986），玛格丽特·撒切尔似乎同意两者的观点，然而随着欧洲共同体的经济和货币统一运动不断深化，她还是坚持住了自己的立场。令经济自由主义者最为不安的是，争论的双方都认为自己的行动完美契合共有的思想，因此他们的争斗尤为激烈和具有破坏性。豪与劳森称没有稳定的货币，就不可能有合理的经济活动，而撒切尔夫人坚称"你无法抗拒市场"——与其他商品一样，同样应当允许货币自行调整价格水平。在这场毁灭性的争论中，撒切尔夫人的主要支持者是艾伦·沃尔特斯爵士，在实现了经济事务学会和政策研究中心那相得益彰的联盟之后，在阿尔弗雷德·谢尔曼爵士的授意下，撒切尔将沃尔特斯选为特别经济顾问。

欧洲政策论坛成立于1992年，格拉汉姆·马瑟（他后来被选为保守党的欧洲议会成员）任主席，弗兰克·维贝尔（Frank Vibert，马瑟在经济事务学会的副主管）为副主席。欧洲政策论坛的建立是为了在"建设性的、市场引领的、分散的"欧洲问题讨论中发声；从一开始，欧洲政策论坛就覆盖了对欧洲持各种态度的显要人物的言论（EPF：1997）。不幸的是，早在1992年，政府内部就有着广泛而难以调和的分歧；欧洲政策论坛成立的第一年中，论坛发言人那五花八门的观点仅仅表明欧洲政策论坛建立得太迟了，无法解决保守党执政期间产生的种种问题。

最近，下议员比尔·卡什（Bill Cash）担任主席的欧洲基金会（European Foundation）正式成立，该组织在欧盟问题方面积极主张反联邦政策；同时，自身欧洲怀疑主义的约翰·雷德伍德建立了保守主义2000来"通过其他方式来继续他1995年夏天的党魁竞选"（Cockett 1996:88）。于是，新右翼智库在欧洲问题上的沉默被各种各样的声音填满了，而这些声音中许多都更倾向于推动宣传某些个体，而非引发公共讨论（人们给这类机构起了个"名利库"[vanity tanks]的称号）。至少就这些机构的文章而言，欧洲政策论坛似乎做出了最具建设性的贡献；而它的主要缺陷在于所有政党对于欧洲的立场都是坚不可摧的，不会接受他们推行的那种知情讨论。

欧洲问题对新右翼的分裂性影响众所周知，但它并非导致智库彼此陌路的唯一原因。1996年2月，又有一家新的（表面上撒切尔主义的）智库理想国成立了。该智库由希拉·劳勒（Sheila Lawlor）建立，她曾是CPS的主要人物之一，也是BBC的"提问时间"（*Question Time*）等政治性广播节目的固定撰稿人。

Politeia 主要关注社会和经济问题。该智库得到了保守党资深成员帕金森勋爵的支持（他后来成了名誉司库），早期的撰稿人中也包括了内阁大臣彼得·利雷（Peter Lilley）和史蒂芬·多雷尔（Stephen Dorrell），所以Politeia被视为政策研究中心的潜在对手。作为一家独立的基金会，它很有可能避免困扰着政策研究中心的身份问题。1996年11月，Politeia的全年收入达到了121042镑，其中大部分来自捐赠（Labour Research，1997）。Politeia成立的时机恰好能使它调查保守党在1997年5月的失败；人们尚不确定意识形态（以及智库本身）在该结果的形成中到底发挥了多大作用。对此问题较早发声的莫里斯·考林曾将撒切尔改革归因于"大约50人"的影响；在保守党失败后为Politeia撰写的小册子中，他仍确信新右翼赢得了"理念之争"（Cowling 1990：xxxvi；Cowling 1997）。不管考林的说法有多少属实，在1979年大选十八年之后，鉴于保守党重回反对党的位置，不断重复这些只会使想要参与创造性思考的保守党人望而却步。

1992年，前政策研究中心研究主管大卫·威利茨成了哈文特的保守党议员，随后被梅杰政府任命为政府党鞭和财政部生计长官。1992年大选之后，威利茨加入了社会市场基金会（Social Market Foundation，SMF）的理事会，投身到该组织的工作中（他后来加入了Politeia的顾问委员会）。社会市场基金会是在社会民主党的最后几年间出现的。大卫·欧文在1983年选举之后接过了社会民主党的领导权，他决心更加靠近保守党的自由市场理念，并且希望建立一家附属智库以行使类似政策研究中心的功能。值得注意的是，欧文倾向于与新机构合作，而不是与其他社会民主党高级成员有联系的现存组织，如政策研究院（见第二章）和财政研究协会（工党议员迪克·塔弗恩[Dick Taverne]于1969年建立）。1989年，罗伯特·斯基德尔斯基（Robert Skidelsky，历史学家、凯恩斯的传记作者）和他的社会民主党同伴基尔马诺克勋爵（Lord Kilmarnock）初步建立了一家智库的雏形，依托着基尔马诺克在上议院和摄政公园路的地产。社会市场基金会很快获得了慈善的身份，要求至少在形式上从社会民主党独立出来。社会市场基金会的初步目标是"研究、发表基于社会市场概念的政策,并使其被采纳"。基金会的第一份出版物是斯基德尔斯基的小册子《社会市场经济》(*The social market economy*)。这本小册子出版于1989年,里面包含了政治光谱上各个位置的人对斯基德尔斯基文章的回应。

斯基德尔斯基认为,"社会市场经济"一词表示有利于市场经济的选择。但其中丝毫未提到国家的概念。对斯基德尔斯基来说,"社会"的部分指的是国家应当为市场交换创造并维持合适的法律框架,在必要时限制或补充市场,并且"保证市场的政治接纳度"(Skidelsky 1989:7)。他提出某些市场结果"或许收益很大,却不被社会所接受,如此便会削弱产出这些结果的体系"(Skidelsky 1989:13)。斯基德尔斯基继续阐明政府在哪些领域可以采取合理行动,比如国民医疗服务在处理保险问题时遭遇了"市场失败",这时就要予以保护。斯基德尔斯基同样表现出对平等的关注,他撰文支持约翰·罗尔斯(John Rawls)的正义论。SMF后来发表的关于欧洲单一货币、国民医疗服务、教育和电信的文章都试图在这些政策领域应用社会市场思维。

然而,1990到1992年间,社会市场基金会依然在寻求自己的定位。表面上看,斯基德尔斯基的小册子似乎真心想在两极化的政治氛围中建立一条新的"中间道路"——这与20世纪70年代对社会市场的用法不同,从后见之明来看,当时的社会市场只是包裹在经济自由主义之外的激励之语,而在实践中导致了大规模失业并且在某些领域造成了类似社会崩溃的情况(见第四章)。但当时的政府恰恰不想要这种中间道路,因此这些理念的命运主要依赖强力的中立党的支持。除了第三党常见的不利条件之外,社会民主党还受个人性格冲突之苦,实际上,社会市场基金会的成立再次确认了欧文和党内其他高级成员之间的灾难性分歧,后者希望与自由党合并,要么就继续保持亲密盟友的关系。欧文的社会民主党在1990年分崩离析,同时社会市场基金会陷入了政治困境。1991年底,一篇内部评论总结道,回顾社会民主党,虽然这样的组织是没有未来可言的,但"在社会共识和制度方面，党内成员对斯基德尔斯基的市场经济做出了核心贡献"（Baston 1996:65）。

1992年大选后，社会市场基金会重新出发并且搬入了威斯敏斯特区安妮女王之门20号的新办公楼，邻近下议院。保守党的胜选为保守党政府延续了五年的执政时间，这鼓励社会市场基金会进一步向欧文（他没能成为竞选的候选人但很快加入了上议院）支持的撒切尔主义方向倾斜。社会市场基金会首次聘得了常驻研究员，丹尼·芬克尔斯坦（Danny Finkelstein）任研究主管，罗德里克·奈（Roderick Nye）任总编。基金会的目标宣言如下：

> 基金会的主要活动是委托独立的学者和经济、社会领域主要问题的专家撰写文章，并将其发表，旨在推动公众对市场和社会框架表现的讨论。（In Baston 1996:66）

1993年，社会市场基金会发表的文章有大卫·威利茨关于退休金的，有埃文·戴维斯（Evan Davis）讨论学校的，还有彼得·坎普爵士（Peter Kemp，曾任撒切尔政府顾问）针对公民服务之未来的。这些文章发表于霍华德·戴维斯（Howard Davies）在1992年发表的一篇关于公共服务管理的文章之后，戴维斯是英国工业联合会（Confederation of British Industry，CBI）的总主管。1994年，社会市场基金会针对市场机制对现代社会的影响发表了两篇针锋相对的文章。在《保守主义的废除》（*The undoing of conservatism*）中，约翰·格雷（John Gray）提出市场正在破坏作为保守主义基础的利益和制度；而在《公民保守主义》（*Civic conservatism*）中，高产的大卫·威利茨表示市场作用的增加将使"公民"价值观重获生机（Gray 1994；Willetts 1994）。两者都是对该争论的出色回答，但结合起来他们却只证明了虽然斯基德尔斯基做了一些工作，但社会市场的概念仍是模糊存疑的。批评家们仍可以宣称社会和市场是不相容的，而说着"社会市场"的人们在现实冲突中永远会选择市场。

1995年夏，丹尼·芬克尔斯坦被任命为保守党研究局主管，这表明保守党高层仍然支持社会市场基金会的原则。然而说社会市场基金会是梅杰一派的智库就太过简化了。社会市场基金会在1995年的四个资助者中，钱多斯勋爵（Lord Chandos）是上议院工党发言人，大卫·赛恩斯伯里（David Sainsbury）曾对托尼·布莱尔的立场表示同情。虽然模糊难明，社会市场的指导思想仍有吸引新工党的潜力。然而在后保守党时代争夺生存空间的智库如此之多，社会市场基金会自身又有严重的缺陷；值得注意的是，与在布莱尔时期东山再起但之前默默无名的社会民主党人不同，社会市场基金会在1990年之后太过致力于保守党事业了。然而，我们有理由相信它将撑过政权的更迭——实际上，它是与新右翼挂钩的智库中最有可能做到这一点的。在1996年2月前的十二个月中，社会市场基金会公布了自己的收入为337216镑（Labour Research 1997:10）。

智库与新工党

除了政策创新之外，新工党灵感的另一处明显来源是公共政策研究所（Institute for Public Policy Research，IPPR），该所成立于1988年，目的是在70年代末经验的镜鉴下"从全新的角度审视国家及其与市场的关系"（Cornford 1990:23）。这里有一个有趣的问题，即新工党为什么花了这么长时间才对新右翼智库的公认成功做出反应。完整版的回答可能尤其要指向1979年之后工党的内斗，以及随之来而的败选带来的震动与冲击。用公共政策研究所第一任主管詹姆斯·科恩福德（James Cornford）的话来说，在创始人们的认知中，公共政策研究所"只能在很短的时间内产生影响，最多五年。它没有涉足智识革命，但试图加快工党内部的现代化变革和思考进程"。科恩福德曾是一名学者，有着长期在独立研究机构工作的经验，他令人难忘地将智库描述为"身体政治中乱窜的跳蚤"，但他也相信智库在20世纪80年代很有影响，"并且立起了一个值得追随的例子"（Cornford 1990:22）。他后来提出：成功的关键是公共政策研究所的经营模式，而不是核心理念。科恩福德认为，他们可以用较少的人和钱调动许多外部资源。其中的秘诀是"作为更大的利益相关人群网络的秘书来行动"；截至1988年，工党已可以利用相当广泛的、自愿提供服务的学术和媒体机构。20世纪80年代初的分裂开始被一种信念取代，即在与保守党政府的斗争面前，一切差异都可以暂时放下（采访引自Ruben 1996:67）。

1988年，公共政策研究所聘用了三个人，他们在一个房间里工作。研究所随后扩大到25人的规模，包括全职、兼职和特定项目的临时工作者。1992年10月，为了协助社会公正委员会的工作，公共政策研究所又招募了一些雇员。虽然人员数量难免浮动，公共政策研究所的常驻人数通常为20人左右，包括5名行政人员和助力公关、组织研讨会和联系资助者的外联办公室。副主管安娜·库特（Anna Coote）领导着社会政策小组，该组主要关注卫生和福利权利；库特也主导着研究所的媒体和沟通计划，她之前是伦敦大学戈德史密斯学院媒体和新闻学讲师，也是《新政治家周刊》（*New Statesman*）编辑委员会成员。研究所中也有其他小组，主要研究人权、教育和环境。

公共政策研究所成立时暂定预算为20万镑，而研究所的资产在最初几年就有所增长。1991年，研究所收入将近50万镑，1995年就超过了100万。虽然资产发生了惊人地增长，这些钱却并不是年年固定的，而特别是核心资金，仍是制约研究所活动和发展的阿喀琉斯之踵。最初，公共政策研究所非常依赖个人捐助（以及科恩福德从看似不可能的资金来源获得捐助的技巧），最近，研究所开始遵照合同型研究机构的模式，其超过半数资金来源都打上了具体研究计划的标签。

自1988年起，公共政策研究所获得了研究严谨扎实的名声。科恩福德观察到在他任主管期间，公共政策研究所更多地涉足"左翼人群道德的复苏，较少去影响当时政策的细节"（引自Ruben 1996:77）。然而，在1992年民意调查中再次失败之后,在工党官员中,无须根本整改党派及其原则便可重掌权力的观念不再吃香。与公共政策研究所关联最密切的倡议——尤其是宣传最多的社会公正委员会——旨在开拓工党关心民众的形象。约翰·史密斯(社会公正委员会的热切支持者)死后,工党中出现了一种认为这种同情性质的声望理所当然的趋势,而工党活动的重心开始转向使商业界和特定目标相信他们可以把经济做好。怀着这个目的,1995年4月,英国商业与公共政策委员会(Commission on British Business and Public Policy)建立了;1997年1月,在公共政策研究所主办的主题会议上,迈克尔·赫塞尔坦(Michael Heseltine)发起了一次广为人知的"不速之客"的突袭。公共政策研究所同样较早地参加了关于管制保守党政府治下转为私营的公用事业的辩论。

虽然公共政策研究所从一开始就打上了工党现代化一派的标签——尝试给予自由市场更多同情——这一进程如今已大为发展,而公共政策研究所仍囿于对过去的执着。在1990年的一篇文章中,詹姆斯·科恩福德表达了一种观点:"设置自己的议程,说出自己所思所想——对权力说真话——是智库生存的必要条件和根据。"(Cornford 1990:27)他希望避免与工党的直接联系——或许是因为想起了政策研究中心与保守党那纠结了独立与附属的、令人不满的情景。在社会公正委员会期间,同样的麻烦一度若隐若现。虽然他们成立委员会时刻意采取了一种保证其结论会被工党领导人否定的形式,但在被BBC《每日新闻》(Today)节目问到委员会提议废除儿童津贴的可能性时,约翰·史密斯还是感到了尴尬。事实上,委员会曾讨论过这一主张,而后将其抛弃(McSmith 1994)。然而这一事件并未成为先例,公共政策研究所并未与工党手牵手般亲密,而是在总体上保持了超出一臂的距离。

讽刺的是,工党成员渴望的胜利,对公共政策研究所来说却是一场严重的冲击,因为这场大胜是由对一项政治计划的让步保证的,而公共政策研究所的建立正是为了与之对抗。1997年5月大选以来,关于公共政策研究所名存实亡（或至少处于严重危机之中）的流言散播开来；由于与新一届政府关系最为密切的成员（尤其是帕特莉莎·休伊特[Patricia Hewitt]和大卫·米利班德[David Miliband]）的离开，使研究所看上去脆弱无比。研究所的发起者和动力源科恩福德于1994年夏天去世。1997年9月，研究所主席伊特韦尔勋爵（Lord Eatwell，曾担任尼尔·基诺克[Neil Kinnock]的经济顾问）被迫向《金融时报》声明该报错误地"表示公共政策研究所如今对政府政策没有多大影响"。他列举了三个例子——绿色税收、产业大学和竞争政策——这三项政策政府都采纳了公共政策研究所的建议，他还暗示"还有更多在酝酿中"（Eatwell 1997）。我们有充分理由去怀疑这一坚定的辩护是否长期有效，向公共政策研究所提供资金以防赔了夫人又折兵的商人们将注意到其他机构，尤其是复兴的费边社和"公民社"（Demos），在新政权中占据了更为有利的位置。为吸引各党派和无党派思想家，新工党于1996年建立了一个"独立的思想网络"——建筑与数学学术共同体（以国际学术会议和学术期刊的形式进行活动和智识产出——译者注。主要基于学术界）。对公共政策研究所来说这是一件令人担忧的事情，因为研究所早年间就是国家经济和社会研究所和政策研究院这种"合同型研究组织"的严谨研究方法和亚当·斯密研究所的媒体技能的结合，而几乎所有新近成立的智库似乎都统一仿照了倡议型智库模式。虽然问题不少，作为一家承受独立之苦的公共政策研究所的未来尚显光明，但由于研究所是工党反击新右翼之代表的最初印象，新身份的建立尚需时日。

公民社是新智库中媒体缘最好的。该智库建立于1993年春天，源起于《今日马克思主义》（*Marxism Today*）前主编马丁·雅克（Martin Jacques）和曾任戈登·布朗研究助手的杰夫·马尔根（Geoff Mulgan）之间的争论。马尔根和雅克都无法容忍他们眼中过时的意识形态标签——80年代末，东欧共产主义国家的崩溃使马克思主义的说服力大打折扣，而曾受该理论吸引的人们许多都抱有类似情绪。创始人们决定让公民社避免与政治左派过于一致，并且一致认为公民社应当专注于被现存的智库忽略的问题。这意味着在实践中，公民社将设法远离在传统上构成党派冲突基础的主题——尤其是经济学。

公民社赢得了媒体的大量关注，特别是1992年9月的黑色星期三之后，对保守党的失望之情变得普遍，而其他观点得到了更多的倾听。1995年12月，公民社之前十五个月的收入约为40万英镑；资助者包括英国电信和一些地方委员会（Labour Research 1997:10）。公民社为数不多的工作人员都是年轻人，这似乎鼓励了媒体在报道思想观点的同时，给了个人以同样的侧重。公民社的一些成果使人想起政治经济计划署在二十世纪五六十年代承担的研究——尤其是接受度较高的对公共空间利用情况的调查研究——然而典型的公民社项目是基于更年轻人群的社会态度调查的。与新工党一样，公民社非常喜欢通过焦点小组来收集信息。它研究的主题倾向于与时下公众关心之事一致，如毒品、两性关系和政治冷漠；公民社的研究成果几乎总是出现在报纸上，挑战着年长人群的既定思维。

类似这样的调查不止吸引着热衷于年轻人问题的媒体——它们对证实公民社的后现代观点同样有着重要影响，这种观点尽可能地避免意识形态色彩。公民社最近的撰稿人中有艾伦·邓肯（Alan Duncan），一名激进的、自由意志主义的保守党议员（Duncan 1993）。然而，公民社现在无疑比其他智库更接近工党。实际上，公民社可以宣称对1993年以来的工党产生了部分影响，尽管这种影响更多地体现在论述或辞令上，而非政策细节：

> 举个例子，最近工党宣言的大致主题……是结合权利与义务的必要性——这一说法使人想到美国学者阿米泰·艾丘尼（Amitai Etzioni），公民社为他在英国名声的增长做了许多努力——几乎达到无可置辩的地步。艾丘尼对于所谓"养育缺陷"（parenting deficit）的研究成果由公民社在英国出版，该智库同样赞助了他于1995年春天在伦敦的几场讲座。（Bale 1996:30）

公民社与艾丘尼思想的联系在新右翼道路中引发了有益的反响，与智库推广的大部分最新的新右翼思想一样，社群主义思想也源自现代英国的社会和政治背景之外，这立即引发了该思想与英国环境相关性的问题。"社群主义"同样使人想起"社会市场"；政党的辞令中出现了该词，但社群似乎成了宣布一个人不是撒切尔信徒的捷径。然而自从撒切尔夫人否认这种脱离了真实环境的社会存在之后，社群一词就成了避免恢复现代英国社会性难题的捷径。我们无法确定公民社的努力与好意能否使这场争论更加透明清晰。

虽然盖棺定论为时尚早，但我们可以认为1997年5月新工党的当选对公民社好处多多。公民社对媒体曝光度的执着令人想起亚当·斯密研究所，但不同的是公民社缺乏独特的思想启迪——实际上它为自己脱离了这种古老的痴迷而骄傲。新右翼支配智库世界多年后，公民社最初对媒体吸引力巨大；但在写作时（1997年10月），公民社开始在高度平民化的政府治下运营，政府的政策旨在照顾公众的情绪。这就是公民社在1997年大选前扮演的角色；值得注意的是，政府换届之后，杰夫·马尔根被召入了唐宁街政策小组。

随之而来的危险在于公民社与90年代中期无根无据的情绪的联系过于紧密，而当这种趋势消失时，它将备受折磨。大选之前，有迹象表明对公民社的斗争或许会很快到来，这是由于其自负的风格和对口号而非理据的依赖。1997年2月《卫报》（*Guardian*）的一篇文章以质疑的口吻写到了公民社成为"国家女性领域权威"的宣言（Freely 1997）。1997年10月《经济学人》（*Economist*）的一篇文章称："布莱尔最近引用的许多题目和统计数据似乎都直接来自公民社的一本关于重塑英国形象的小册子。"这一观点使人们想起那些对新右翼智库和保守党的描述，也暗示如果新工党失去了公众的支持，公民社将同样受到观点用尽的谴责。实际上，虽然在表面上独立于所有政党，公民社还是有与托尼·布莱尔过于一致的危险；《经济学人》上的文章表示公民社"喜爱夸夸其谈，一旦仔细探查,便四分五裂了"。而即便新工党继续执政很多年,布莱尔的继任者也不太可能跟他有一样的辞令偏好。

结　　论

1997年夏天,虽然有些智库的命运正在改变,但它们已在英国政治舞台上站稳了脚跟。任何组织只要被贴上"智库"的标签,就显然会受到媒体的关注;BBC甚至以智库为名开启了一个讨论式的节目。然而,英国智库的前景仍未可知。越来越多的迹象表明,在主要政党眼中,智库正向政治人才储备库的功能靠拢;1997新选出的备受瞩目的"智库人士"包括费边社的史蒂芬·特威格(Stephen Twigg)和公共政策研究所的帕特莉莎·休伊特;而虽然在保守党政府最后时日的漫天谣言中没起到核心作用,但大卫·威利茨显然在党内搭上了晋升的顺风车。另一个令人担忧的发展是智库越来越倾向于关注媒体感兴趣的话题,而不是针对政策改革的争议性(或不那么时髦的)问题。举个例子,1997年,一度渴望在政府活动中引起激进变革的费边社也在通过关于足球未来的报告获得媒体曝光度。简言之,从表面来看,1990年以来事态的发展已使智库离公共辩论的中心更近了,而更加详尽的分析则显示这对它们来说可能存在危险,同时对英国的公共辩论价值有限。我们将在最后一章中进一步探讨这一问题。

第七章　结论：智库、政治与民主

一、英国智库简史

英国智库显然不是什么新鲜事物，尽管他们现在要比以前突出得多。本书对智库做了必要的选择，但从我们的调查研究中，却也可以大致勾勒出智库活动史及其历史背景。

第一波浪潮

在英国，外部人士提供政策建议的历史可以追溯到费边主义者之前。费边主义者是在英国经济不断萎靡的背景下出现的，许多活跃的思想家认为当时的政府机制不足以应对大规模工业民主的挑战。然而，就现代智库来看，其历史始于20世纪30年代，那时出现了更具辨识度的模式。

作为对源自华尔街大崩盘的全球经济危机的回应，大量具有政府工作、学术和新闻媒体背景的优秀个人（像凯恩斯则三种背景兼具）达成了一致：在愈发复杂而互相依存的世界中，为了实行成功的经济政策，专家的建议是必要的。与此同时，一种需求声也越来越大，即所有政府活动都应被置于更具系统性的基础之上——英国应像其他欧洲国家一样接受计划的理念，这与英国传统的悠闲道路并不相符。

这时，难题层出不穷，对如今的智库产生了关键的影响。虽然经济学家们一致认为政府需要帮助，但他们无法在给出的建议上彼此妥协。1931年，拉姆齐·麦克唐纳德的工党政府建立了经济顾问委员会（Economic Advisory Council，EAC），在诸如自由贸易对关税改革这样的问题上，该机构深受内部分歧的困扰。那时争论的中心是（自那之后也一直是）J.M.凯恩斯的角色。除此之外，经济顾问委员会还面临着财政部的强烈反对，这不仅是因为委员会中有非正统补救措施的拥趸，而且由于它威胁到了白厅作为政府建议来源的特权地位。人们自然得出结论：需要在政府机器之外建立一个机构，然而由于经济学专家之间的争论，国家经济与社会研究所直到1938年才出现。

政治与经济计划署源自同一主题，但稍微有些不同。此处早期的难题在于"计划"一词。就像正统经济学家对政府亲力亲为的凯恩斯式发展计划感到不安一样，即使那些受到麦克斯·尼克尔森的观点吸引之人，也怀疑这种激进的、与既有实践的脱离。结果也很相似，政治经济计划署的建立被延缓，而与国家经济和社会研究所一样，政治经济计划署的目标声明也反映出一种艰难的妥协。

20世纪30年代的历史篇章翻动，尤其到了二战期间，人们普遍接受凯恩斯和尼克尔森起码坚持了正确的原则。英国的战争表现无疑得益于对专家的引入，而许多专家都与智库有所关联，他们与官员和政客一起创造了一个英国历史上独一无二的管理社会（克伦威尔的Major-Generals或许有着更为约束性的目标，但没有足够的技术来实现这一设计）。

二战过后，除了少数经济自由主义者之外，所有人都承认事态将不复从前，然而即便在书面上致力于计划，但工党政府很快认识到公众对正常生活的强烈需求。哈罗德·威尔逊的"控制之火"最为鲜明地表现出政府希望放弃对经济活动的细节性指导；更重要的是白厅专家的大规模出走。但对某些人来说——尤其是没经历过战前情景、因而对没有配给票的黄金时代抱有幻想的一代——政府应当尽快废除精心设计的管控机制。对这些人来说，弗里德里希·冯·哈耶克的《通往奴役之路》相当于圣经，他们忽略了一个事实：哈耶克书中的黯淡前景，其灵感来源于与英国根深蒂固的个人主义政治文化截然不同的国家（见第三章）。新一代经济自由主义者将注意力集中于艾德礼政府的国有计划，他们认为自由正面临危机。新国营工业基本由非社会主义者运营——更重要的是政府没有表现出开发与之相匹配的经济战略的兴趣——这些事实都被忽略了。

对国家经济和社会研究所和政治经济计划署的一些狂热人士来说，重回和平时代似乎是"黎明的号角"，但集体主义的支配地位却被过度夸张了。丘吉尔政府建立并示范了一种妥协方式。战时管控最终销声匿迹，工党那没有头绪的国有计划也被搁置——官员们从市场竞争的可行性（如钢铁和道路运输）出发，判定国有计划是不合适的。更严重的是，在经济问题上，政府建立起了战后的一种趋势，即当外部专家的建议和预测与狭隘的政治考量发生冲突时，政府只留意前者。凯恩斯的观点在白厅中更受欢迎，但唐宁街版本的主导精神却是"腐败堕落"的，从根本上是为了赢得选举。在这种环境下，计划只能体现为最流于表面的形式。不管创始人的野心为何，在实践中，政治经济计划署、国家经济和社会研究所都满足于在战后早期的妥协或广泛共识中运作；它们无法赞同的是政府经常忽视它们的统计数据和基于事实的分析，选择权宜之策而非长久之计。然而，这种结果也有它们自身的责任，因为如果选民仍然对正在发生之事懵然无知的话，政府就只能指望冒着长远前景的风险来造福当下了。国家经济和社会研究所、政治经济计划署确实尝试过扩大自己研究成果的受众，但从未开发出必需的沟通技巧；站在为它们辩护的角度，我们可以说它们永远不可能做到，因为现实是复杂的，并且几乎不可能以媒体喜闻乐见的方式来将其表达。

与国家经济和社会研究所、政治经济计划署不同，经济事务学会从未想着改变策略以获取政治影响力；比起在学会支持者眼中流行的氛围前卑躬屈膝，经济事务学会誓要改变这种氛围。然而通过上面的论述，我们已经可以看到建立经济事务学会的经济自由主义者们是在与一文不值的东西做斗争：因为他们将政治视作观念的战场，这些东西才栩栩如生，而在这片战场中，它们自身的失败仅仅意味着另一边的胜利。经济事务学会的错误在于对思想的力量估计过高，而当时的英国经济地位太低，导致政策制定者对外部事件抱有极大关注和同情，而这种程度是19世纪所未见的——那是经济事务学会支持者们的黄金年代。就如他们在自由市场理念方面从不妥协一样，他们同样无法与稻草和解，至于称呼稻草为集体主义还是社会主义，则要取决于他们的心情，或者为辩论服务。

这种分析是错误的。战时共识只是一种和解，虽然"共识"一词被某些人歪曲为完全一致的意思。大多数身居高位的政客就充分就业、有效的福利国家制度和经济增长的最终目标达成了一致，但工党和保守党偏好的方式和手段当然有所差异。虽然两党内的激进派都同意经济事务学会的观点，即不存在妥协，但直到1975年，所有领导人一致反对孤注一掷的政治学。就所有权而言，经济的情况依然复杂而混乱，但这种混乱因时代而不同，并且没有政府会放弃福利国家制度或走向另一个极端，即担负起所有事务。即使在20世纪60年代麦克米伦和威尔逊对英国的衰落做出反应、推进更加系统化的计划时，实验之所以失败，部分是由于缺乏政治意愿，部分也是因为在英国政府的制度机构中，财政部仍掌握着大权。虽然有过如《种族关系法案》这样的（值得称道的）成功，但第一波浪潮中的狂热人士对政府政策的影响没能从经济顾问委员会时代更进一步。智库依然没能成功地将支持共识的详细观点普及到广大选民当中。从接下来的经历看来，智库只能有理有据地宣称他们帮助大量选民想到在经济困难时期，政府应当做些什么；然而随着战后繁荣的持续，这种情绪被自鸣得意盖了过去，而自满的泡沫在20世纪70年代早期支离破碎，那时，之前指导政府政策的事件以一种没人能隐瞒的方式，悄然接过了方向盘。

第二波浪潮

虽然成立于1955年，经济事务学会还是被归入英国智库的第二波浪潮更为便利。第二波浪潮起于对1973—1974年石油危机的应对，这场危机为战后英国历史上的共识时代画上了句号。正如我们所见，约翰·梅纳德·凯恩斯的观点更多地被用来赢得选票，而非作为长期经济管理的工具。保守党在1979年胜选之后组建的政府有时似乎会因一种经济政策与凯恩斯主义对立而加以追求。经济事务学会成立的目的是反对基于凯恩斯等计划者（他们常用社会主义者来统称这些人）观点的、愈发增加的国家干预，学会已经期待危机二十年了。当事情真的发生时，经济事务学会继续阐述其自由市场观点，第二波浪潮中的其他组织也接受了类似观点；最引人注目的变化是经济事务学会开始吹嘘自己在共识崩溃中发挥的作用。在这方面，学会强调自己与第一波智库的不同，这更像是夸大自己的影响力，并非炫耀胜利。

我们已经看到了经济事务学会、政策研究中心（1975年）和亚当·斯密研究所（1977年）之间的显著差异，但三家智库却从同一个思想立场谴责英国的战后经历。它们认为英国经济陷入了管控的泥沼，并且被心怀好意却固执而笨拙的凯恩斯主义信徒严重破坏了。该分析具有所有战后论述的特征，兼具影响力与可读性。然而在那个时代，与之相对的观点却很少；不仅战后妥协的倡导者们在以灾难性的事件为镜鉴，重新检视自己的信念，而且那些继续对政府负责的人们也受国际货币基金组织之迫，至少采取了一些第二波智库提供的计划。处于困境中的政客们不愿为过去糟糕的经济决策而自责，在詹姆斯·卡拉汉最重要也最具误导性的70年代演讲中,他将其归咎于凯恩斯。在这样的氛围中,第二波浪潮中的新成员政策研究中心和亚当·斯密研究所无须再进行国家经济和社会研究所、政治经济计划署喜爱的深度研究,就能证实自己的案例,事实显然已经为它们省略了这一步骤。老牌机构广泛遵循合同型研究机构的模式(见导言),而将第二波浪潮中的智库看作倡议型智库则更为合适。虽然常说第一波智库在受托得出的研究结果中避免开具政策处方,但他们的偏好往往藏在丰富的细节之中。相比之下,有力的小册子是第二波浪潮中的典型成果,其争论色彩要大于研究性质。

1945年之后,第一波智库的前景开始变得黯淡,因为政府不再愿意致力于全面计划。20世纪90年代中期的经济自由主义者仍在吹嘘自己在思想之战中的胜利,同时也为阻止了撒切尔政府建立自由放任主义乌托邦的实用主义考量而喟叹。事实上,虽然具有能轻易接触到关键决策者的重大优势,第二波(或新右翼)智库的计划仍有着与前辈们同样的缺陷。尽管我们无法否认政府带来了很大程度的变化,但许多经济自由主义者都有一种或对或错的担忧:系统性计划的完全实施会遭到多数保守党的反对。像第一波浪潮中的建议一样,只有在与政府本身的目标一致时,经济自由主义者的理念才能得到执行,而尽管这在80年代期间发生得更为频繁了,大部分时间内仍存在着明确的限制。像之前的计划一样,我们不知道官员们是否建立起了本能的谨慎,如果加以限制的话,经济反革命运动很可能获得更多的民众支持。然而,当撒切尔政府本身开始像一家新右翼智库一样行动时,人头税的例子表明了事实上政客们是正确的。

第三波浪潮

清晰可辨的第三波智库浪潮始于20世纪80年代后期,并且持续到了90年代后期。这一波浪潮显然是被第二波浪潮的成功激起的。公共政策研究所(1988年)是作为工党的政策研究中心而建立的,而对社会民主党来说,社会市场基金会(1989年)也是一样。除了Conservative 2000这样的组织之外——主要致力于为个别政客利益服务的小团体,被巧妙地称为名利库——其他新智库如Politeia

（1996年）和欧洲政策论坛（1992年）的崛起要么是因为第二波智库的内部分裂，要么是为了解决第二波智库没能处理好的问题。如今，新智库最为突出的特征是他们意识形态色彩的缺乏（或者说根本不存在）。公共政策研究所和社会市场基金会很快被各种事项填满，因为IPPR很快建立起了"温和左派"的身份（党魁尼尔·基诺克的形象），而当托尼·布莱尔成为党魁时，该身份就被替换了，社会市场基金会很快就失去了为之服务的政党。公民社通过杰夫·马尔根而与工党有着明显的联系，但当其他新智库在寻求明确的权威时，公民社却为自己在这方面的缺乏而欢欣不已；它呈现出一种在后现代、后意识形态的世界中看向未来的形象。

不管现在这种谴责"左""右"标签的时尚是否会长久存在，我们都可以认为第三波智库是不稳定的，因为他们缺乏意识形态的黏合剂——缺乏"我们"对抗"他们"的感觉——这使他们看上去像是中空的新右翼智库。经历过新右翼时代之后，人们或许期望回到第一波智库那种辛勤研究的状态，然而，第二波智库成功地实现了媒体的充分覆盖，新智库成员对此印象过于深刻。如今争夺关注的团体太多，持续发表夺人眼球的出版物变得极为重要，这需要快速的研究工作，并且为了吸引媒体关注，简短的口号比持久的争论更受欢迎。最为出名的新智库不再为主要政党做补充和提供信息，而是通过关注短期时政问题的政策观点来设法获得媒体的关注，几乎完全实现了功能转移。有趣的是，大多数情况下，他们同样避开了有激烈政治争论的问题（如欧洲问题），而老式的、更为客观的智库在这方面毫无避讳（尤见第一章）。1995年，焕然一新的费边社针对单一货币的正反两面都发表了有建设性的小册子。就这种实用主义道路来看，尤其自20世纪70年代中期以来，主要政党不再视智库为有价值的人才储备库，并非偶然。至少就人员构成而言，这使得第三波智库浪潮具有高度不稳定性。

本书以尝试定义智库开篇，最近的发展研究使得这一任务——该任务本身起步已经很难——几乎不可能完成。适用于第一波智库的定义将很难支撑到第三波浪潮，而由于政治经济计划署（如今是政策研究院）、国家经济和社会研究所行使的功能一如既往，所以全新的定义也不足以解决问题。反之，情况一年比一年复杂，令人满意的定义遥遥无期。与此同时，排除通常被称为压力集团的机构，如绿色和平组织，则显得随意了些；毕竟环境问题与各种各样的公共政策都有联系，而在与跨国公司和政府的斗争中，绿色和平组织也需要大量的研究支撑。智库和压力集团之间至少有一点实质性的不同：智库尚未涉及修路或石油产业等实业。但与绿色和平组织一样的是，倡议型智库是积极的竞选型组织；如果它们开始意识到在赢取媒体关注方面，撰写小册子远不如直接行动有效，被第三波智库吸引的人们可能很快就会改变策略。

二、智库、多元主义与意见氛围

我们可以将英国20世纪的智库以及它们数量的不断增长，看作健康的多元主义社会的证明。就此观点而言，来自各种各样团体的多方投入加强了公共辩论——公共辩论和其中的反对意见越多，对人们越有益（Stone 1996:27—28）。这是一种维持民主的方式。当20世纪50年代，经济事务学会发现很难得到认真地聆听，或是80年代，新右翼的反对之声花了很长时间才凝结成型时，多元主义者或许会感到沮丧。然而尽管我们可以将那看作令人遗憾的意识形态霸权时期，但那些时代已经结束了，而我们可以期待至少在不远的未来，观念的竞争将更为自由而公正。

上述观点至少有一处严重的缺陷。最近的智库大繁荣反映了新右翼智库在赢得媒体曝光度和精英关注度方面的显著成功——它们付出的成本并不多。技术变革，如互联网的出现，很有可能加强这一发展。多元主义者将对此表示欢迎，这标志着几乎任何人都能建立智库并获得关注（Stanfield 1990:551）。此处没有篇幅来考察认为该观点过于天真的反对意见了，因为威胁到既得利益（尤其是报业经营者的利益）的意见永远得不到关注——这是辩论的一个有意思起点，但这场争论将永无止境。对我们来说，眼前的问题是，智库最近的大繁荣是否会带来受教育程度更高的选民。

从这个角度来考察，智库最近的发展是值得忧虑而非庆祝的。正如我们所见，智库的第一波浪潮是基于一种假设，即事实为自己辩护的基础上的，并且尽管他们在将翔实而庞大的数据和分析传达给广大公众时的成功一言难尽，但这些东西就在那里，感兴趣的人总能找到。国家经济和社会研究所、政治经济计划署从未考虑过它们身处观念战争之中；虽然它们难以摆脱自身的倾向性，但却在发表结果时避免了争论。经济事务学会的目标则不同：从一开始，经济事务学会就要抵消社会主义对其支持者的所谓影响——这些支持者中不仅有政策制定者和公务员，更有新闻从业者和学者。（根据戴雪和哈耶克的说法）经济事务学会可以通过影响这些舆论操纵者来影响选民。一旦被告知社会主义是通往奴役之路，公众就会创建一个善良的圈子来取代现在的邪恶，而新一代人将学到自由的哲学。只有那时，人们才能选举出能够认识到经济自由主义的真相和集体主义之危险的政府。

这种态度的问题在于其设想了一个本质上被动的选民群体，这是假定使舆论操纵者发生转变之重要性的第一步——换言之，如果仅仅接触到关键人物就可以改变政策，选民们只需要默认最终结果就可以了。鉴于经济事务学会的模型是费边社而不是意识形态色彩相对较弱的第一波智库，这种结果并不令人意外。在对集体主义，尤其是费边主义者的长篇抨击中，W.H.格林利夫引用了肖（Shaw）与韦布斯（Webbs）的作品，揭露了他们将选民看作蠢蛋，最好也是需要托马斯·卡莱尔（Thomas Carlyle）口中"天才的贵族"（Aristocracy of talent）指引的人群（Greenleaf 1983:163）。哈耶克对开明知识分子（见第三章）的观点比肖的观点更为巧妙，但他们的大致方向是相同的。实际上，从民主的角度来看，他们表现出的态度是令人忧虑的。费边主义者或许认为选民是需要引导的，但在他们写作的时代，大量的工人群体在政治上的被动是真实可辨的，因为那时他们还没有投票权。20世纪50年代中期的经济事务学会的问题在于选民已经建立起为错误的道路投票的习惯——比如各种伪装下的社会主义。简言之，费边主义者认为民主治下的新选民是天真的，而经济自由主义者却认为他们充满罪恶，需要上层的改造。亚瑟·塞尔登用一个独特的词组（他的著作《资本主义》"反资本主义教化"一章的开篇语）表明了这种态度："对资本主义的无情观点轰炸"持续了"一个世纪"（Seldon 1990:21）。令人惊讶的是，塞尔登的著作写在经济事务学会开启反击的三十多年后，那时距离许多其他的经济自由主义者开始庆祝自己在观念之争中的胜利，也已有十年。塞尔登坚定地相信自己的观点是正确的，加上他令人无法质疑的表达技巧，面对着这些观点仍然不受欢迎的证据，他会以这种方式爆发，便不难理解了。即便如此，他的爆发也表达了对仍不信服资本主义之人的深深蔑视。

20世纪80年代，这种极端的（或许是半清醒的）精英主义以一种戏剧性的方式得到了加强。用莫斯利·考林的话说，只有热衷于经济自由主义的"大约50人"有能力进行理查德·考科特口中的"反革命运动"（Cowling 1990：xxxvi；Cockett 1994）。即便在当时发达国家中政治体制最为集中的英国（见导言），做出那么多决定的仅有50人的说法也过于夸张了。而即便这种说法是合适的，那也意味着一场政变，而非对广泛表达的公众需求的回应。1978年，哈耶克抱怨道："自由宪政"现在显然意味着"一种许可，使得议会中的大多数可以独断专行"；1979年保守党胜选之后，经济自由主义者的代言人们就不常做出这种感叹了（Hayek 1978:70）。然而大多数新闻从业者和学者——尤其是其中的左翼人士——言语中好像公共态度真的发生了变化，他们常常通过引用一个与新右翼智库有关的词来表达该观点——意见氛围。据称，意见氛围转向支持撒切尔夫人的保守主义，就像它在1945年和20世纪60年代转向工党一样。这些论述中没有注意到的是选举方面的证据；亚力克·道格拉斯·霍姆的保守党（被认为是意见氛围反向转移的受害者）在1964年投票中赢得了43.4%的支持率；而只有撒切尔的保守党在1979年获得过更高的比例（43.9%），而后者当时是与意见氛围一致的（Kavanagh 1987:17—21）。正如我们所见，在1951年失败时（据说那时工党思想枯竭，官员疲惫），工党赢得的票数比例比1945年大胜时还高——也比1997年要高。这种明显的混乱之所以出现，是因为在民主政体中，评论员用意见氛围来代指一些重要人士，而不是明显的多数。然而在大多数情况下，当这些评论家概述讨论中的意见时，这些意见只掌握在很少人手中，这些人在既定时间对法案的准备和起草有着重要影响；用戴雪的话说，他们就是"一小撮人……只是恰好处于指挥管理的位置"。对于自己描述的情况，戴雪给出的例子是彼得大帝的俄国和俾斯麦的普鲁士——两国通常都不被视为民主国家（Dicey 1914:4—5）。

"意见氛围"一词甚至作为一种民主政体变化的合理原则，出现在学术文献中，不管它反映的是广大选民的意见，还是仅仅是政府圈子为之自我陶醉、新闻媒体摇旗呐喊的观念。在政治事件中有更多个人利益的人们对关于"氛围"的声明最为敏感。1972年，在为右翼的星期一俱乐部刊物《星期一世界》（*Monday World*）撰写的一篇文章中，乔纳森·吉尼斯（Jonathan Guinness）称："越来越多迹象表明，我们在许多问题上的态度近于一般人群，而非所谓'意见氛围'，'氛围'不是指外部的广阔天地，而是有意创造条件良好的顶层。"（Guinness 1972:5）1976年，基思·约瑟夫爵士9月的普雷斯顿演讲以"通胀：意见氛围正在变化"的标题发表。这篇演讲中唯一一个支持其题目的具体证据是"威尔逊和希利两位先生都与我的观点相近，这表现在他们的行动、话语和沉默中"（Joseph 1976:9—17）。这两位先生的沉默——虽然他们分别是首相和财政大臣——可以造成意见氛围的变化，即使以正常的政治标准来看，这种说法也过于夸张了。而两人的最大对手也会犹豫不决，不知是否该声称他们的行为受到了约瑟夫式思维模式的影响。

对于这一概念最著名的误用来自一位为自己辩解的政客——詹姆斯·卡拉汉，那时他在反思1979年大选的失败。他对政策顾问伯纳德·多纳休说道："有些时候，差不多每隔三十年，政界就会发生翻天覆地的变化……那是向公众所求与公众赞成的方向的转变。我怀疑现在就是变化的时候——对撒切尔夫人来说。"（Donoughue 1987:191）虽然没有使用该词，但卡拉汉所指显然是意见氛围。然而，在截至那时的所有战后大选中，撒切尔的保守党得票率是胜选党中第三低的——只高于1974年两次大选中的工党。竞选活动期间，撒切尔夫人极为成功地约束了自己的新右翼辞令；即便如此，选民们还是广泛支持卡拉汉。虽然选举结果永远不可能有单一的解释，但1979年的结果却要首先归因于公众拒绝一个无法解决英国问题的、不完整的政府。在公众的普遍感知中，战后共识并未整体失败，也没有一定能发挥更好作用的彻底变革。卡拉汉对其政府的失败给出的理由或许是一个天真的错误——他很有可能误解了保守党支持的、面向广大公众的报纸上刊登的领导和作者的观点——但他的解释为左右两翼的诸多巧舌如簧的评论家提供了一份便利，他们认为选民们已经打心底受够了意识形态两侧都看不起的共识政治，因而非常欢迎卡拉汉对这一观点的明显支持。过去二十年来，一种具有偏向性的裁定悄然出现在学术文献中，这只能归咎于懒惰。

在理论上，新右翼智库帮忙创造了一种印象，即广泛的意见氛围（与空调屋的舒适恒温相对）已经发生了变化，这可被视作一项引人瞩目的成就。在现实中，多元民主的信徒则需要警惕这种发展。当然，领导决策者周身总有小圈子，这些小圈子掌握在非选举出身的顾问手中——正如比弗布鲁克和彻韦尔与丘吉尔的关系。然而20世纪80年代后期，这一趋势发展到了新的极端；玛格丽特·撒切尔的顾问们（智库成员在其中尤为突出）不再满足于作为非正式的制止者、专业建议的提供者或公共意见的疏导者，他们显然试图将她隔离于公众表现出的敌意，他们将这种敌意看作暂时的，是旧日共识心理的垂死挣扎。这并不意味着右翼智库有什么故意的设计，确信自己赢得了观念之争后（显然，媒体和学术界对于新的意见氛围的讨论帮助他们产生了这一观点),他们其实得不出其他结论了。实际上,本书发展的观点是:在这种设想的鼓励下,他们将自己支持的政策的实施误认为是广大公众向意识形态右侧的转变,第二波浪潮中的智库也同样为其所累。这种观点必定会诱使智库们洋洋自得,而不顾大量政府表明广大公众中对于经济反革命的真正热情只是浮于表面。由于所有智库的最终目标都是政策变革,那么他们无法恰当地解释下述事实,就可以原谅了:智库倾向于通过导言中提到的捷径,专注于帮助立法,怀着公共意见将最终有所回应的模糊希望,而非激起意见氛围的变化,进而引发立法改革。然而他们也确实要对加强某种氛围——即政府意识形态的所有反对者都被视为敌人的氛围——至少负部分责任。1979年以来,政府,即便是内阁,也倾向于未做充分讨论便做出决策,以及政策制定者失去了与选民观点的联系这种相应的感觉,这都可以追溯到上述氛围。这一趋势越来越显著,以至于在1998年初,甚至是刚刚退休的内阁秘书也感叹道:"事态发展得离民主责任制越来越远。"(Norton-Taylor 1998)

最后的讽刺在于不顾真正的证据而用意见氛围的转变来为政府变革寻求合理性的习惯,使得媒体可以谴责新右翼组织在可以预见的保守党1997年败选之前无所作为——虽然内部有所分歧,但他们一如既往地热衷于市场自由主义思想,并且不断展示如何将他们的思想在新的政策领域变现。1993年的一篇报纸文章——由一名对新右翼智库抱有同情的观察家编写,而令人瞩目的是,该文章中多是简短而爽快的短语,而非详尽的分析——声称经济事务学会的"影响在20世纪80年代达到顶峰",而政策研究中心被认为"丢掉了其激进的尖刀"(Cockett 1993)。

约翰·梅杰当选首相使一切归于平静,自由市场改革被推进到前所未有的程度,但梅杰本人充其量算是个撒切尔主义者,他想要将自己的政策呈现为实用的决策,这使他与所有智库保持了一定距离。然而自1997年大选以来,20世纪80年代后期的氛围卷土重来。站在智库的角度,唯一值得注意的变化是君主及其廷臣的身份，以及更加沉溺于新闻管理。这导致中央策略小组（Central Strategic Unit，CSU）于1997年11月成立，该小组像从前的中央政策评议局一样负责协调各部门的工作——两者的差异在于中央策略小组是为了保证政府支持的计划得到适当的表达，而不是像智库一样协调政策。报纸上的文章很快承认了现状，揭露了哪些人在政府的支持之"内"，哪些人又在其"外"。当然，得到政府喜爱的人中有很大比例都是智库人士，他们要么为使其成名的智库工作，要么作为下议院议所和唐宁街政策小组成员进入了政府工作。由于夸大了自身对政策的直接影响，从后见之明来看，政策研究中心这样的组织在20世纪80年代的重要性在于其政府官员的"思想人才库"功能。智库如今都等着向新成立的、毫无根基的政权提供智识上的保证，而不是加入信徒的队列之中。赢取并保留好感的秘诀在于对每个过去的趋势做出快速反应，这相应地导致了过于仓促的工作。因此，大部分智库提供的所谓"保证"都是表面大于实质的。

这种趋势下最可能的结果是政府圈子内的智库将成为政府喜爱的新闻和建议的传送带。更严重地说，他们可能会被用作击垮民主责任制的工具。政府想要传播的理念可以伪装成白厅外面、智库中的产物，如果引起了抗议，政府可以矢口否认，不需要付出太多政治成本——如果实施的政策得不到公众的默许，还可以将责任推给智库。这似乎异想天开，但其实与人头税实施时的情况相差无几。自那之后，媒体将智库的形象和声望抬得更高了，而我们可以合理地预测不久之后，政府宣传机构或许会宣称其理念受到意见氛围的支持，来为政策灾难寻找借口——意见氛围，即报纸对智库提议的大规模报道。

像智库一样，新工党显然从20世纪80年代学到了同样的教训。工党表现得好似相信意见氛围在1979年发生了变化，也相信新右翼智库在其中发挥了至关重要的作用；而工党在1997年5月的胜利要归因于它有能力适应这种所谓的氛围。鉴于工党的传统，它向其主要支持者展示政策的最佳机会将是证明事态没有其他的可能，然而像之前的保守党政府一样，工党坚决要谈论其思想的活力。简言之，新工党在提供"智识谬误"（intellectualist fallacy）方面有既得利益，这种谬误声称在政策塑造方面，观念比事态更为重要（Garnett 1996b）。然而，在竞选承诺中，工党已经限制了自己的策略范围，它不得不寄希望于口号比新的观点更有说服力。工党本身的偏好加强了智库专注于媒体友好度而非增加研究深度的趋势。只要那"50人"对智库提供的服务感到满意，公众对事态的了解程度便基本上与政策制定的小圈子毫无瓜葛，一如20世纪80年代。甚至如果本书篇幅允许，我们可以看到新工党从战后英国的工党政府中继承了许多错误的前提。然而除非学者们带着适当的怀疑去接触智库相关的主题，否则未来的历史学家将继续把意见氛围与政府行为联系在一起，而又因为政府行为与智库提出的建议大体一致，这些历史学家将高兴地记录智库在影响政府政策上的成功。"我们不喜欢复杂的真实历史"，拉尔夫·达伦多夫写道，"观念的作者认为他们对与自己的演讲或写作相关的现实负直接责任，而其余人则喜欢简单随意的解释，更别说阴谋论了。"（Dahrendorf 1995：40）

原书参考文献

[1] Adam Smith Institute 1990. *The first hundred*. London: Adam Smith Institute.

[2] Addison, P. 1977. *The road to 1945: British politics and the Second World War*. London: Quartet Books.

[3] Addison, P. 1992. *Churchill on the home front, 1900—1955*. London: Jonathan Cape.

[4] Bailey, R. 1981. The second post-war decade: 1951—64. In *Fifty years of political and economic planning: looking forward 1931—1981*, J. Pinder (ed.), London: Heinemann.

[5] Baker, K. 1993. *The turbulent years: my life in politics*. London: Faber & Faber.

[6] Bale, T. 1996. Demos: populism, eclecticism and equidistance in the post-modern world. In *Contemporary British History* **10**(2).

[7] Barnes, J. & R. Cockett 1994. The making of party policy. In *Conservative century: the conservative party since 1990*, A. Seldon & S. Ball (eds), Oxford: Oxford University Press.

[8] Baston, L. 1996. The social market foundation. *Contemporary British*

History **10**(1).

[9] Bellerby, J. 1943. *Economic reconstruction*. London: Macmillan.

[10] Blackaby, F. (ed.) 1978. *British economic policy 1960—1974*. Cambridge: Cambridge University Press.

[11] Blackstone, T. & W. Plowden 1988. *Inside the think-tank: advising the cabinet, 1971—1983*. London: Heinemann.

[12] Blundell, J. 1990. *Waging the war of ideas: why there are no shortcuts*. Washington, DC: Heritage Foundation.

[13] Bosco, N. & C. Navari (eds) 1995. *Chatham House and British foreign policy*. London: Lothian Foundation Press.

[14] Bradley, I. 1981. Intellectual influences in Britain: past and present. In *The emerging consensus...?* A. Seldon (ed.), London: IEA.

[15] Brittan, S. 1964. *The treasury under the Tories 1951—1964*. Harmondsworth: Penguin.

[16] Brittan, S. 1968. *Left or right: the bogus dilemma*. London: Secker & Warburg.

[17] Brittan, S. 1973. *Is there an economic consensus?: an attitude survey*. London:Macmillan.

[18] Brogan, C. 1947. *Our new masters*. London: Hollis & Carter.

[19] Budd, A. 1978. *The politics of economic planning*. London: Fontana.

[20] Burnham, J. 1945. *The managerial revolution*. Harmondsworth: Pelican.

[21] Butler, D., A. Adonis and T. Travers 1994. *Failure in British government: the politics of the poll tax*. Oxford: Oxford University Press.

[22] Butler, E., M. Pirie and P. Young 1985. *The omega file*. London: Adam Smith Institute.

[23] Cairncross, A. 1985. *Years of recovery: British economic policy 1945—51*. London: Methuen.

[24] Cairncross, A. 1996a. *Managing the British economy in the 1960s*. London: Macmillan.

[25] Cairncross, A. 1996b. The Heath government and the British economy. In *The Heath government 1970—74*. S. Ball & A. Seldon (eds), Harlow: Longman.

[26] Callaghan, J. 1996. The Fabian society since 1945. *Contemporary British History* **10**(2).

[27] Carr, W. & A. Hartnett 1996. *Education and the struggle for democracy: the politics of educational issues*. Buckingham: Open University Press.

[28] Centre for Policy Studies 1974. *Sherman Papers*. University of London.

[29] Centre for Policy Studies 1975a. *Objectives and style*. London: Centre for Policy Studies.

[30] Centre for Policy Studies 1975b. *Why Britain needs a social market economy*. London: Centre for Policy Studies.

[31] Centre for Policy Studies 1985. *Whither Monetarism?* London: Centre for Policy Studies.

[32] Centre for Policy Studies 1987. *The welfare challenge*. London: Centre for Policy Studies.

[33] Centre for Policy Studies 1989a. *Aims and achievements*. London: Centre for Policy Studies.

[34] Centre for Policy Studies 1989b. *Exertion and example*. London: Centre for Policy Studies.

[35] Clarke, P. 1996. The Keynesian consensus. In *The ideas that shaped postwar Britain*. D. Marquand and A. Seldon (eds). London: Fontana.

[36] Cockett, R. 1993. A brief history of the think-tank. In *Independent on Sunday* 24 Jan.

[37] Cockett, R. 1994. *Thinking the unthinkable: think-tanks and the economic counter-revolution, 1931—1983*. London: HarperCollins.

[38] Cockett, R. 1996. Afterthoughts. *Contemporary British History* **10**(2).

[39] Cole, M. 1963. *The story of Fabian Socialism*. London: Heinemann.

[40] Congdon, T. 1989. *Monetarism lost, and why it must be regained*. London: Centre for Policy Studies.

[41] Conservative Central Office 1974. *Putting Britain first* (manifesto for general election of October 1974).

[42] Cornford, J. 1990. Performing fleas: reflections from a think-tank. *Policy Studies* **11**(4).

[43] Cosgrave, P. 1985. *Thatcher: the first term*. London: The Bodley Head.

[44] Cowling, M.1963.*The nature and limits of political science*. Cambridge: Cambridge University Press.

[45] Cowling, M. 1990. The sources of the new right. Preface to *Mill and liberalism*. Cambridge: Cambridge University Press, 2nd edn.

[46] Cowling, M. 1997. *A Conservative future*. London: Politeia.

[47] Crewe, I. 1989. Values: the crusade that failed. In *The Thatcher effect: a decade of change*, D. Kavanagh & A. Seldon (eds). Oxford: Oxford University Press.

[48] Crewe, I. & A. King 1995. *SDP: the birth, life and death of the social democratic party*. Oxford: Oxford University Press.

[49] Crick, M. & A. van Klaveren 1991. Mrs Thatcher's greatest blunder. *Contemporary Record* **5**(3).

[50] Culyer, A. J. 1981. The IEA's unorthodoxy. In *The Emerging Consensus...?* A. Seldon (ed.). London: IEA.

[51] Dahrendorf, R. 1995. *LSE: a history of the London School of Ecomics and Political Science, 1895—1995.* Oxford: Oxford University Press.

[52] Daniel, W. W. 1989. PSI: a Centre for Strategic Research. *Policy Studies* **9**(4).

[53] Denham, A. 1996. *Think-tanks of the new right.* Aldershot: Dartmouth.

[54] Denham, A. & M. Garnett 1994. Conflicts of loyalty: cohesion and division in conservatism, 1975—1990. In *Contemporary Political Studies 1994*, **1**, P. Dunleavy & J. Stanyer (eds). Exeter: Political Studies Association.

[55] Denham, A. & M. Garnett 1995. Rethinking think-tanks: a British perspective. In *Contemporary Political Studies 1995*, **1**, J. Lovenduski & J. Stanyer (eds). Exter: Political Studies Association.

[56] Denham, A. & M. Garnett 1996. The nature and impact of think tanks in contemporary Britain. *Contemporary British History* **10**(1).

[57] Desai, R. 1994. Second-hand dealers in ideas: think tanks and Thatcherite hegemony. *New Left Review* **203** (January/February).

[58] Dicey, A. V. 1905. *Lectures on the relation between law and public opinion in England during the nineteenth century*, London: Macmillan.

[59] Dickson, P. 1971. *Think-tanks.* New York: Ballantine Books.

[60] Donoughue, B. 1987. *Prime Minister: the conduct of policy under Harold Wilson and James Callaghan.* London: Jonathan Cape.

[61] Dow, J. C. R. 1965. *The management of the British economy 1945—60.* Cambridge: Cambridge University Press.

[62] Duncan, A. 1993. *An end to illusions.* London: Demos.

[63] Durbin, Elizabeth 1985. *New Jerusalems: the Labour Party and the economics of democratic socialism.* London: Routledge & Kegan Paul.

[64] Durbin, Evan 1949. *Principles of economic planning.* London: Routledge & Kegan Paul.

[65] Dye, T. R. 1978. Oligarchic tendencies in national policy-making: the role of private planning organizations. *Journal of Politics* **40**(May).

[66] Eatwell, Lord. 1997. *Letter to Financial Times.* Monday, 15 September.

[67] EPE 1997. European Policy Forum publicity brochure.

[68] Foot, P. 1998. Man from the ministry of daft ideas. *Guardian*, Monday 12, January.

[69] Franks, O. 1947. *Central planning and control in war and peace.* London: London School of Economics.

[70] Freely, M. 1997. So just who is Helen Wilkinson? *Guardian*, G2, February 27.

[71] Friedman, M. 1986. Has liberalism failed?. In *The unfinished agenda*, M. Anderson (ed.). London: IEA.

[72] Gamble, A. 1981. *Britain in decline.* London: Macmillan.

[73] Gamble, A. 1983. Liberals and the economy. In *Liberal party politics*, V. Bogdanor (ed.), Oxford: Clarendon Press.

[74] Gamble, A. 1996. *Hayek: the iron cage of liberty.* London: Polity Press.

[75] Garnett, M. 1996a. *Principles and politics in contemporary Britain.* London: Longman.

[76] Garnett, M. 1996b. Treatises and sound-bites: theorists, practitioners and the climate of opinion. Paper delivered to Political Theory Conference, Oxford, January.

[77] Gilmour, I. & M. Garnett 1997. *Whatever happened to the Tories?.*

London: Fourth Estate.

[78] Goodman, R. 1981. The first post-war decade. In *Fifty years of political and economic planning*, J. Pinder (ed.). London: Heinemann.

[79] Gray, J. 1994. *The undoing of conservatism*. London: Social Market Foundation.

[80] Greenleaf, W. H. 1983. *The British political tradition. vol II: the ideological heritage*. London: Methuen.

[81] Griffiths, B. 1985. *Monetarism and morality*. London: Centre for Policy Studies.

[82] Guinness, J. 1972. The club today. *Monday World*, Spring issue.

[83] Halcrow, M. 1989. *Keith Joseph: a single mind*. London: Macmillan.

[84] Hall, R. 1969. Introduction. *National Institute Economic Review*, 50th issue.

[85] Hames, T. & R. Feasey 1994. Anglo-American think tanks under Reagan and Thatcher. In *A Conservative revolution?: the Thatcher-Reagan decade in perspective*, A. Adonis & T. Hames (eds). Manchester: Manchester University Press.

[86] Harris, M. 1996. The Centre for Policy Studies: the paradoxes of power. *Contemporary British History* **10**(2).

[87] Harris, R. 1956. *Politics without prejudice: a political appreciation of the Rt. Hon. Richard Austen Butler*. London: Staples Press.

[88] Harris, R. 1986. *Morality and markets*. London: Centre for Policy Studies.

[89] Harris, R. 1994. *No, prime minister! Ralph Harris against the consensus*. London: IEA.

[90] Harris, R. & A. Seldon (eds) 1977. *Not from benevolence... twenty years*

of economic dissent. London:IEA.

[91] Harrison, R. 1965. *Before the Socialists: studies in labour and politics, 1861—1881*. London: Routledge & Kegan Paul.

[92] Harrison, R. 1993. The Fabians: aspects of a very English socialism. In *Defending politics: Bernard Crick and pluralism*, I. Hampsher-Monk (ed.). London: British Academic Press.

[93] Hartwell, R. M. 1995. *A history of the Mont Pelerin Society*. Indianapolis, Indiana: Liberty Fund.

[94] Hayek, F. A. 1962. (ed) *The road to serfdom*. London: Routledge & Kegan Paul.

[95] Hayek, F. A. 1967. *Studies in philosophy, politics and economics*. London: Routledge & Kegan Paul.

[96] Hayek, F. 1978. Will the democratic idea prevail? In *The coming confrontation*, A. Seldon (ed.). London: IEA.

[97] Heath, E. & A. Barker 1978. Heath on Whitehall reform. *Parliamentary Affairs* **31**(4).

[98] Heffernan, R. 1996. Blueprint for a revolution? The politics of the Adam Smith Institute. *Contemporary British History* **10**(1).

[99] Hellbust, L. 1996. *Think-tank directory: a guide to nonprofit public policy research organisations*. Topeka, Kansas: Government Research Service.

[100] Hennessy, P. 1990. *Whitehall*. London: Fontana edition.

[101] Hennessy, P. 1992. *Never again: Britain 1945—1951*. London: Jonathan Cape.

[102] Hennessy, P. & S. Coates 1991. Little grey cells: think-tanks, governments and policy-making. *Strathclyde Analysis Papers* **6**.

[103] Hennessy, P., S. Morrison & R. Townsend 1985. Routine punctuated by orgies: the Central Policy Review Staff 1970—1983. *Strathclyde Papers on Government and Politics* **31**.

[104] Higgott, R. & D. Stone 1994. The limits of influence: foreign policy think-tanks in Great Britain and the USA. *Review of International Studies* **20**(1).

[105] Himmelfarb, G. 1987. *Victorian values and twentieth-century condescension*. London: Centre for Policy Studies.

[106] Hobsbawm, E. J. 1964. The Fabians reconsidered. In *Labouring men: studies in the history of labour*. London: Weidenfeld and Nicholson.

[107] Hogg, S. & J. Hill 1995. *Too close to call: power and politics - John Major in No. 10*. London: Little Brown.

[108] Hoover, K. & R. Plant 1989. *Conservative capitalism in Britain and the United States: a critical appraisal*. London: Routledge.

[109] Howe, G. 1994. *Conflict of loyalty*. London: Macmillan.

[110] Isserlis, A. 1981. Plus ca change ... In *Fifty years of political and economic planning*, J. Pinder (ed.). London: Heinemann.

[111] James, S. 1986. The Central Policy Review Staff 1970—1983. *Political Studies* **34**(3).

[112] James, S. 1993. The idea brokers: the impact of think-tanks on British government. *Public Administration* **71**(4).

[113] Jenkin, P. 1989. *Mrs Thatcher's revolution: the ending of the socialist era*. London: Pan.

[114] Jones, A. 1973. *The new inflation: the politics of prices and incomes*. London: Andre Deutsch.

[115] Jones, K. 1988. Fifty years of economic research: a brief history of the

National Institute of Economic and Social Research. *National Institute Economic Review* (May).

[116] Jordan, G. & N. Ashford (eds) 1993. *Public policy and the impact of the New Right*. London: Pinter.

[117] Joseph, K. 1975. *Reversing the trend: a critical reappraisal of Conservative economic and social policies*. London: Barry Rose.

[118] Joseph, K. 1976. *Stranded on the middle ground: reflections on circumstances and policies*. London: Centre for Policy Studies.

[119] Joseph, K. 1987. Escaping the chrysalis of statism. *Contemporary Record* **1**(1).

[120] Kavanagh, D. 1987; and 2nd edition, 1990. *Thatcherism and British politics: the end of consensus?* Oxford: Oxford University Press.

[121] Keegan, W. 1984. *Mrs Thatcher's economic experiment*. London: Allen Lane.

[122] Keynes, J. M. 1936. *The general theory of employment, interest and money*. London: Macmillan.

[123] King, A. (ed.) 1976. *Why is Britain becoming harder to govern?* London: BBC.

[124] King, D. S. 1987. *The new right: politics, markets and citizenship*. London: Macmillan.

[125] *Labour Research* 1997. New brains behind the scenes **86**(11).

[126] Lamb, R. 1995. *The Macmillan years 1957—1963: the emerging truth*. London: John Murray.

[127] Lawson, N. 1992. *The view from no. 11: memoirs of a Tory radical*. London: Bantam Books.

[128] Lawton, D. 1994. *The Tory mind on education: 1979—94*. London: Falmer Press.

[129] Layton-Henry, Z. 1992. *The politics of immigration*. Oxford: Blackwell.

[130] Leruez, J. 1975. *Economic planning and politics in Britain*. London: Martin Robertson.

[131] Levitas, R. 1986. Competition and compliance: the utopias of the new right. In *The ideology of the new right*. R. Levitas, Cambridge: Polity Press.

[132] Lindsay, K. 1981. PEP through the 1930s: organisation, structure, people. See Pinder (1991).

[133] McBriar, A. M. 1966. *Fabian socialism and English politics 1884—1918*. Cambridge: Cambridge University Press.

[134] Mackenzie, N. & J. Mackenzie 1977. *The first Fabians*. London: Weidenfeld & Nicholson.

[135] McSmith, A. 1994. *John Smith: a life 1938—1994*. London: Verso.

[136] McSmith, A., D. Marquand & A. Seldon (eds) 1996. *The ideas that shaped post-war Britain*. London: Fontana.

[137] Marquand, D. 1997. *The new reckoning: capitalism, states and citizens*. Cambridge: Polity Press.

[138] Marr, A. 1995. *Ruling Brittannia*. London: Michael Joseph.

[139] Marwick, A. 1964. Middle opinion in the thirties: planning, progress and political agreement. *English Historical Review* **79** (April).

[140] Middlemas, K. 1979. *Politics and industrial society*. London: Andre Deutsch.

[141] Morgan, K. 1984. *Labour in power 1945—1951*. Oxford: Oxford University Press.

[142] Muller, C. 1996. The Institute of Economic Affairs: undermining the post-war consensus. *Contemporary British History* **10**(1).

[143] Nicholson, M. 1940. *How Britain's resources are mobilized*. Oxford: Clarendon Press.

[144] Nicholson, M. 1967. *The system*. London: Hodder & Stoughton.

[145] Nicholson, M. 1981a. The proposal for a national plan, in Pinder, J. (ed.) *Fifty Years of Political and Economic Planning*.

[146] Nichiolson, M. 1981b. PEP through the 1930s: growth, thinking, performance, in Pinder, J. (ed.) *Fifty Years of Political and Economic Planning*.

[147] Norton, P. 1993. The Conservative Party from Thatcher to Major. In *Britain at the polls 1992*, A. King (ed.). New Jersey: Chatham House.

[148] Norton-Taylor, R. 1998. Plagued by leaks and lack of trust. *The Guardian*. Monday 5 January.

[149] Oakley, R. 1989. Privatized policy-making for the Tory right. *The Times*, 17 February.

[150] Pinder, J. (ed.) 1981. *Fifty years of Political and Economic Planning: Looking forward 1931—1981*. London: Heinemann.

[151] Pirie, M. 1988a. *Micropolitics: the creation of successful policy*. Aldershot: Wildwood House.

[152] Pirie, M. 1988b. *Privatization: theory, practice and choice*. Aldershot: Wildwood House.

[153] Prince, M. J. 1983. *Policy advice and organisational survival: policy planning and research units in British government*. Aldershot: Gower House, 1983.

[154] Pugh, P. 1984. *Educate, agitate, organise: 100 years of Fabian socialism*. London: Cape.

[155] Ramsden, J. 1980. *The making of Conservative Party policy: the Conservative Research Department since 1929*. London: Longman.

[156] Ramsden, J. 1995. *The age of Churchill and Eden, 1940—1957*. London: Longman.

[157] Ranelagh, J. 1992. *Thatcher's people*. London: Fontana.

[158] Ricci, D. M. 1993. *The transformation of American politics: the new Washington and the rise of think tanks*. New Haven: Yale University Press.

[159] Richards, H. 1993. Dry as win-blown dust. *Times Higher Education Supplement*, 19 Feb.

[160] Richter, M. 1964. *The politics of conscience: T. H. Green and his age*. London: Weidenfeld and Nicholson.

[161] Ricketts, M. & E. Shoesmith 1990. *British economic opinion: a survey of a thousand economists*. London: Institute of Economic Affairs.

[162] Rivlin, A. M. 1992. Policy analysis at the Brookings Institution. In *Organisations for policy advice: helping government think*, C. H. Weiss (ed.). London: Sage, 1992.

[163] Robinson, A. 1988. The National Institute: the early years. *National Institute Economic Review*, May.

[164] Rose, E. J. B., N. Deakin, M. Abrams, V. Jackson, M. Peston, A. H. Vanags, B. Cohen, J. Gaitskell & P. Ward 1969. *Colour and citizenship: a report on British race relations*. London: Oxford University Press for the Institute of Race Relations.

[165] Roskill, O. 1981. PEP through the 1930s: the industries group, in Pinder, J. (ed.), *Fifty Years of Political and Economic Planning*.

[166] Rothschild, Lord 1977. *Meditations of a Broomstick*. London: Collins.

[167] Ruben, P. 1996. The Institute for Public Policy Research: policy and politics. *Contemporary British History* **10**(2).

[168] Russel, T. 1978. *The Tory party: its policies, divisions and future* (Harmondsworth: Penguin Books).

[169] Sandford, C. T. 1972. *National Economic Planning* (London: Heinemann).

[170] Seldon, A. (ed.) 1981. *The emerging consensus ...? Essays on the interplay between ideas, interests and circumstances in the first 25 years of the IEA*. London: Institute of Economic Affairs.

[171] Seldon, A. 1986. *The riddle of the voucher*. London: IEA.

[172] Seldon, A. 1990. *Capitalism*. Oxford: Basil Blackwell.

[173] Shearmur, J. 1995. The Centre for Policy Studies (Unpublished Paper).

[174] Sherman, A. 1979. CPS programme of activities 1979—84. Sherman papers. University of London.

[175] Sherman, A. 1988. Discourses on ten stepping stones of John Hoskyns (Unpublished paper).

[176] Skidelsky, R. 1989. *The social market economy*. London: Social Market Foundation.

[177] Skidelsky, R. 1992. *John Maynard Keynes, Vol II: The economist as saviour 1920—1937*. London: Macmillan.

[178] Skidelsky, R. 1996. The fall of Keynesianism. In *The ideas that shaped post-war Britain*. D. Marquand & A. Seldon (eds). London: Fontana.

[179] Smith, A. 1822 edition. *An inquiryt into the nature and causes of the wealth of nations*, Vol. III (London).

[180] Smith, D. 1987. *The rise and fall of monetarism*. Harmondsworth:

Penguin.

[181] Smith, J. A. 1991. *The idea brokers: think tanks and the rise of the new policy elite*. New York: Free Press.

[182] Stanfield, R. L. 1990. The Golden Rolodex. *National Journal*, 10 March.

[183] Stephenson, H. 1980. *Mrs Thatcher's first year*. London: Jill Norman.

[184] Stevenson, J. & C. Cook 1977. *The slump: society and politics during the depression*. London: Cape.

[185] Stewart, M. 1972. *Keynes and after*. Harmondsworth: Pelican.

[186] Stewart, M. 1978. *Politics & economic policy in the UK since 1964*. London: Pergamon.

[187] Stone, D. 1991. Old guard versus new partisans: think-tanks in transition. *Australian Journal of Political Science* **26**(2).

[188] Stone, D. 1996. *Capturing the political imagination: think-tanks and the policy process*. London: Frank Cass.

[189] Stone, D., A. Denham & M. Garnett (forthcoming), *Think-tanks across nations: a comparative approach*. Manchester: Manchester University Press.

[190] Thatcher, M. 1995. *The Path to Power*. London: HarperCollins.

[191] Thomas, W. 1979. *The Philosophic Radicals: nine studies in theory and practice, 1817—1841*. Oxford: Clarendon Press.

[192] Thompson, P. 1967. *Socialists, Liberals and labour:the struggle for London, 1885—1914*. London: Routledge and Kegan Paul.

[193] Todd, M. J. 1991. The Centre for Policy Studies: its birth and early days. *Essex Papers in Politics and Government* **81**, Department of Government, University of Essex.

[194] Veljanovski, C. 1987. *Selling the state: Privatization in Britain*. London:

Weidenfeld & Nicholson.

[195] Veljanovski, C. (ed.) 1989. *Privatisation and competition: A market perspective*. London: IEA.

[196] Wade, D. & J. Picardie 1983. The Omega Project, *New Statesman* **106**.

[197] Waldegrave, W. 1978. *The binding of leviathan: conservatism and the future*. London: Hamish Hamilton.

[198] Wallace, W. 1990. Chatham House at 70: to the 1990s and beyond. *The World Today* **46**(5).

[199] Wallace, W. 1994. Beteen two worlds: think tanks and foreign policy. Hill, C. & P. Beshoff (eds), *Two worlds of international relations: academics, practitioners and the trade in ideas*. London: Routledge and London School of Economics.

[200] Weaver, R. K. 1989. The changing world of think-tanks. *PS: Political Science and Politics* (September).

[201] Weiss, C. H. 1992. Introduction: helping government think: functions and consequences of policy analysis organisations. In *Organisations for policy advice: helping government think*, C. H. Weiss (ed.). London: Sage.

[202] Whitehead, P. 1985. *The writing on the wall: Britain in the 1970s*. London: Michael Joseph.

[203] Whiteley, P., P. Seyd, J. Richardson & P. Bissell 1994. Thatcherism and the Conservative Party. *Political Studies* **42**(2).

[204] Wiener, M. 1985. *English culture and the decline of the industrial spirit 1850—1980*. Harmondsworth: Penguin.

[205] Wildavsky, A. 1979. *Speaking truth to power*. Boston: Little Brown.

[206] Willetts, D. 1987. The role of the Prime Minister's policy unit. *Public*

Administration **65**(4).

[207] Willetts, D. 1991. *Happy families: four points to a Conservative family policy*. London: Centre for Policy Studies.

[208] Willetts, D. 1992. *Modern conservatism*. Harmondsworth: Penguin.

[209] Willetts, D. 1994. *Civic conservatism*. London: Social Market Foundation.

[210] Williamson, P. 1992. *National crisis and national government*. Cambridge: Cambridge University Press.

[211] Wright, T. R. 1986. *The religion of humanity: The influence of Comtean positivism in Victorian Britain*. Cambridge: Cambridge University Press.

[212] Young, M. 1981. The second world war. See Pinder (1981).

[213] Young, H. 1989. *One of us: a biography of Margaret Thatcher*. London: Macmillan.

[214] Young, H. & A. Sloman 1986. *The Thatcher phenomenon*. London: BBC Publications.

致　　谢

在此书的写作过程中，我们麻烦了许多人。编辑史蒂文·杰拉德（Steven Gerrard）帮了大忙（并且极为耐心）；我们同样必须感谢伦敦大学学院出版社（UCL Press）的出版工作人员。我们非常感谢英国国家学术院、诺丁大学研究委员会和政治系对安德鲁·德纳姆（Andrew Denham）的经济支持。还有许多人曾花费时间与我们探讨具体问题，在这些人中我们想要感谢科尔切斯特的奥尔波特勋爵、约翰·布伦德尔、克雷格米勒的吉尔摩勋爵、波特索肯的约瑟夫勋爵、塔里克·莫多德、费迪南德·芒特爵士、麦克斯·尼克尔森、里克·奈、马德森·皮里博士、杰雷米·希尔莫尔、弗兰克·维贝尔、威廉·华莱士和大卫·威利茨。亚历珊德拉·罗卡同样挖掘出许多有价值的信息，帕翠莎·德纳姆也提供了大力支持。任何事实或诠释方面的错误，责任完全由我们承担。

同时，感谢我们的家人。

安德鲁·德纳姆
马克·加内特

W